# LITERATURA A FLOR DE PIEL

GABRIEL LARA
DE LA CASA

# LITERATURA A FLOR DE PIEL

## ENCUENTRA EN LOS GRANDES CLÁSICOS LA CLAVE DE TU FELICIDAD

LIBROS CÚPULA

*A mi padre,*
*A Love Supreme*

Creo que la literatura tiene algo más que hacer que divertir: debe tener razón.

MAX AUB

Leer es la búsqueda apasionada del sentido de la vida para las consciencias separadas y solitarias.

DOMINIQUE RABATÉ

Cuando sea vieja no quiero parecer más joven, quiero parecer más feliz.

ANNA MAGNANI

Revisión final del texto: Sara Díaz Mata
Del prólogo: Víctor-M. Amela
Del epílogo: Najat El Hachmi

Primera edición: marzo de 2024

Diseño de cubierta: Planeta Arte & Diseño


Av. Diagonal, 662-664, 08034 Barcelona (España)
Libros Cúpula es marca registrada por Editorial Planeta, S. A.
www.planetadelibros.com

ISBN: 978-84-480-4060-4
D. L: B. 17.522-2023

PEFC
PEFC/14-38-00305
Certificado PEFC
Este libro procede de bosques gestionados de forma sostenible y fuentes controladas
www.pefc.es

# SUMARIO

# PRÓLOGO

## Leer marca más que un tatuaje

VÍCTOR-M. AMELA

«Te presento a una persona que te va a gustar. Es profesor de literatura en un instituto del barrio», me dijo Montse, librera de la librería +Bernat, en Barcelona. Ultimábamos detalles de mi presentación de *Si yo me pierdo*, novela sobre Federico García Lorca en la Cuba de 1930. Nos saludamos Gabriel y yo, y Montse terció: «Gabriel, enséñale a Víctor el poema de Lorca».

Gabriel me dio la espalda mientras se levantaba la camiseta. En la piel de su espalda leí «Amor de mis entrañas, viva muerte / en vano espero tu palabra escrita......», el sublime soneto de Federico... ¡tatuado en tinta roja como la sangre! Uno de los sonetos del amor oscuro de Federico García Lorca, «el hombre más bueno de España, el santo de la amistad», sentenció Gabriel. Y ahí se fraguó mi amistad con el profesor de Literatura que se tatúa sus lecturas más queridas.

Le entrevisté para «La Contra» de *La Vanguardia*, claro. La piel de Gabriel es una planimetría de lecturas, una geografía de emociones caligrafiadas. Es la piel de un chamán literario, de alguien destinado a enseñar bellas letras y a contagiar en sus lectores la pasión por la literatura que él siente. Leí versos, máximas, proverbios, nombres, vocativos a flor de piel: cada palabra tatuada remite al corazón estremecido de Gabriel ante un texto que le quemó, que le conmovió, que le conmocionó. Son frases y poemas, palabras de cuentos y novelas que le salvaron la vida. Por eso Gabriel las lleva siempre encima, como un talismán, como un amuleto, como su superpoder.

Y recorrí con la mirada ese mapa de sus lecturas en su epidermis. Leí en el cogote: «De lejos, todo es más» (frase de Antonio Muñoz Molina). Leí en el esternón, ¡dónde más duele!: «Quien te ama, te inventa» (Antonio Lucas). Leí en el pecho: «Mala Estrella», por Max Estrella, antihéroe predilecto de Gabriel desde que leyese *Luces de Bohemia*, de Valle-Inclán, con quince años. El malditismo moldea en la dúctil adolescencia a muchos lectores que lo serán de por vida. Por eso a Gabriel le gusta el epitafio que escribió Manuel Machado para Alejandro Sawa, poeta bohemio que inspiró el personaje de Max Estrella: «Jamás hombre más nacido para el placer fue al dolor más directo. Es el morir y olvidar mejor que amar y vivir». Y Gabriel lo corrobora: «Es más mérito el dejar que el conseguir».

Leí otro tatuaje: «Cuánto olor en el aire, y el aire se lo lleva», fragante y bellísimo verso del poeta valenciano Francisco Brines. Cada tatuaje es una inspiración con la que atraer a la literatura a chavales entre los doce y los dieciséis años, estudiantes de la ESO en un instituto de Barcelona. Gabriel los sacude con sus lecturas y se los lleva a la librería sin los móviles, solo con cuaderno y bolígrafo. A Gabriel le motiva ganar lectores, forjar ciudadanos lúcidos, en suma «salvarles la vida… espero que no a costa de la mía», bromea.

«Leer es encontrar lo que no buscabas», nos ha enseñado el sutil escritor Enrique Vila-Matas, y eso quiere enseñar Gabriel a sus lectores. Eso y que leer enriquece, amplifica y embellece la vida, eso y que leer te marca para siempre muchísimo más que cualquier tatuaje.

# NOTA DEL AUTOR

Pocos son los autores vivos a los que leo. No son fiables. Ninguno de ellos ha pasado todavía la prueba más importante a la que todo escritor está sometido: la del paso del tiempo. Por muchos lectores y premios que tengan algunos libros hoy en día, la mayoría, con el devenir de los años, restarán en el olvido y nadie sabrá de su existencia. El único juez verdaderamente imparcial y ecuánime es, como hemos dicho, el tiempo.

Así pues, la inmensa mayoría de los libros que poseo en mi biblioteca son de autores que han muerto. Es lo que tiene leer a los clásicos. Desde mi punto de vista, estos son una garantía total de buena literatura, infalibles todos ellos: nunca nos van a decepcionar. Todo son ventajas. Bueno, casi todo. Y digo *casi* porque hay algo que los clásicos no nos pueden brindar.

Cuando acabas de leer la obra de un escritor que te ha maravillado, cuando no te la puedes quitar de la cabeza en días y semanas posteriores, no sé tú, querido lector, pero a mí me dan muchísimas ganas de poder llamarlo y conversar; pasar horas y horas hablando con él, dado que, de alguna forma, esa lectura ha hecho que te conviertas, que creas haberte convertido, en su mejor amigo. El aprecio y la admiración por él o ella son infinitos y tienes la necesidad de que lo sepa.

Desgraciadamente, eso es imposible de llevar a cabo con cualquier libro cuyo autor o autora lleva muerto mucho tiempo. Envidio a los lectores que asisten a clubes de lectura y charlas con el escritor o la escritora que acaban de leer. Envidio que puedan estamparles una dedicatoria con su nombre en las primeras páginas. Lo que daría por tener la letra manuscrita de Unamuno, de Salinger o de Federico García Lorca en mis libros, por poner varios ejemplos. Por eso, muchos fines de semana acudo a librerías de viejo en busca de esas palabras nacidas de su puño y letra para lectores de aquella época a los que nunca tendré el gusto de conocer.

Por esta razón, que en este libro que celebra los clásicos cupieran una serie de cartas dirigidas a los autores o autoras de las novelas que se tratan a lo largo de los capítulos, incluso a alguno de los personajes que en ellas cobran vida, era un deseo expreso, un humilde reconocimiento, una manera de dar las gracias por todo lo que me han aportado. Unas misivas en las que relato una experiencia o charla ficticia con todos ellos. He tenido la necesidad de resucitarlos para poder establecer ese tan ansiado contacto que tantas veces he imaginado después de leerlos.

Cartas que bien podría haber escrito y firmado cualquier lector agradecido, acaso tú mismo que estás leyendo esto. Así pues, todos los episodios que componen el presente libro se cierran con una de estas clásicas epístolas. Un pequeño homenaje a quienes van dirigidas y al propio género en cuestión, prácticamente extinguido. Larga vida posean.

# INTRODUCCIÓN

Nadie se pierde un **clásico**; un Madrid-Barça es sagrado hasta para los que no creen. El país y el mundo se paraliza. Y es que no se trata de un partido cualquiera, son los eternos rivales frente a frente. Los dos mejores cara a cara. ¿Quién se pierde un partido así? Pocos, nadie. Es el **clásico**. Como nadie se perdería a Los Stones en directo. Son el **clásico** del *rock 'n' roll*. Nadie se imagina un concierto sin sus canciones míticas. La mayoría de la gente compra su entrada para dejarse la voz cantando «Satisfaction», «Angie» o «Paint it, Black», que se sabe de memoria y que ha escuchado en infinidad de ocasiones con la misma intensidad que la primera vez. Temazos, **clásicos**, igual que Mick Jagger, el cantante de la banda, quien seguro que tiene grabada en la mente la escena que protagoniza Marilyn Monroe encima de la rejilla de ventilación del metro de Nueva York, en la película de Wilder *La tentación vive arriba*. ¿Quién no recuerda los vuelos de su vestido blanco? Un **clásico** del séptimo arte. Y hablando de vestidos, ¿qué novia no se casa de blanco y qué novio no la acompaña de traje y corbata o esmoquin como mandan los cánones **clásicos**? Estoy convencido de que esos mismos recién casados decorarán su hogar en esa primera Navidad juntos con el **clásico** árbol decorado, bajo el cual aguardarán los **clásicos** regalos de sus majestades los Reyes Magos.

La gente acude a lo **clásico** porque nunca defrauda, porque nos identifica y nos hace felices. ¿Por qué no ocurre lo mismo con la literatura? ¿Por qué la palabra **«clásico»** referida a un libro ahuyenta más que acerca? Trataré de que te cautive esa Literatura en mayúsculas que son los grandes **clásicos**. Ya nos avisó Mark Twain al respecto cuando escribió: «Un **clásico** es un libro que la gente elogia, pero no lee; un libro, en suma, que todo el mundo quiere haber leído y nadie quiere leer». Por eso, mi propósito aquí es conseguir que los **clásicos** te seduzcan y que disfrutes de su lectura. Todo el mundo está de acuerdo en la calidad literaria de un **clásico**, por eso suscita el elogio al que se refiere Twain. Lo que nos van a aportar estos libros es incalculable, eso está claro, pero el proceso de leerlos y extraer de ellos todo lo que nos ofrecen puede parecer una tarea complicada. Pues bien, algo parecido ocurre con todos los retos que se pone uno en la vida. Sabemos que van a contribuir a nuestro beneficio, si bien el proceso hasta llegar a conseguirlos a veces es dificultoso o requiere de una dedicación a la que no estamos habituados. En el mundo del deporte, desde hace mucho tiempo, se da por hecho que trabajando en equipo se consiguen mejores resultados. Aunque sea un deporte individual, un tenista o un corredor de larga distancia tiene un equipo detrás, que le ayuda a lograr sus objetivos. Desde el fisioterapeuta hasta el entrenador, pasando incluso por los psicólogos. Juntos trabajan para alcanzar una misma meta. Para mí, leer también puede ser un trabajo de equipo muy gratificante.

Seguramente, si yo, que no he hecho deporte en toda mi vida, quisiera ponerme en forma, estaríamos de acuerdo en que no solo bastaría con comprar ropa y calzado de deporte y salir temprano a correr. De hecho, correr es algo que, *a priori*, todo el mundo sabe hacer. Aun así, a los pocos kilómetros, por no decir metros, iría con la lengua fuera, empezarían a salirme llagas en los pies e igual estaría a punto de darme un ataque al corazón. Frustrado, dudo que quisiera probarlo de nuevo. Pero si, a pesar de todo, mi compromiso y empeño se mantuvieran intactos, pediría ayuda. Un entrenador personal especializado me prepararía para que, a base de entrenamiento, motivación y retos asumibles, a medio y largo plazo pudiera alcanzar mis objetivos.

He puesto este ejemplo del ejercicio físico aunque con la lectura ocurre algo muy parecido. Siguiendo la analogía, si leer es algo que sabemos hacer, entonces somos capaces de enfrentarnos a los siete volúmenes de la obra de Marcel Proust *En busca del tiempo perdido*. El **clásico** por excelencia del siglo XX. Y lo más normal es que empecemos y cuando hayamos leído cuatro páginas, abandonemos sin llagas en los pies, pero echando humo por la cabeza. Llegados a este punto es cuando vale la pena que te echen una mano. A mí me ocurrió y tuve la suerte de rodearme de ávidos lectores que me instruyeron en ese camino, así como de buenos profesores que supieron transmitirme su conocimiento y pasión por la literatura.

Que los **clásicos** sean autores tan consagrados que todo el mundo conozca, o al menos haya oído alguna vez sus nombres e incluso sepa el argumento de sus obras, puede resultar contraproducente sencillamente porque los *spoilers* siempre desmotivan. Si ya sé de qué va, para qué leerlo, piensa la mayoría. El caso de Cervantes y el Quijote es más que evidente. En una ocasión, me hizo mucha gracia cómo un alumno lo resumía: «Va de un jambo que está *fumao* o loco o yo qué sé y le dan venazos y ve ahí movidas raras». No iba mal encaminado. Cualquiera te hace un resumen de este libro nuestro universal, eso sí, pocos lo han leído. Decía Italo Calvino que por más que uno crea conocer de oídas un **clásico**, tanto más nuevo, inesperado e inédito resulta al leerlo de verdad. Vale la pena leer las aventuras de ese loco, puesto que los valores que posee de la justicia, de la ética y de la moral, del amor y, en general, de la vida son para que nadie muera sin haberlo leído.

Si es cierto que la lectura de algunos **clásicos**, como hemos dicho aquí, puede ser complicada, parecido a todos aquellos retos difíciles de asumir por el esfuerzo, la paciencia y la concentración que requieren, este libro puede ayudarte a lograrlo. Estoy convencido de que los **clásicos** te harán ser más feliz y vivir con mayor plenitud. En esta época tecnológica que nos ha tocado habitar en la que manda la inmediatez, la prisa y el acceso fácil a cualquier contenido o información; este mundo veloz e impaciente, aunque también vacío y sin memoria no facilita precisamente la disposición que requieren esta clase de libros. Por esa razón hay que reivindicar hoy más que nunca la paciencia, el esfuerzo, la lentitud y hasta incluso el aburrimiento del que huimos como si fuera nuestro mayor enemigo. Y debemos recuperarlos como el único camino que nos conducirá a la verdadera recompensa. La lectura de los **clásicos** es el mejor escudo contra la avalancha de banalidades con la que nos acosan día tras día. Contra la superficialidad, pensamiento crítico. Contra la novedad, siempre el **clásico**.

Como decía al principio, con este libro solo quiero acompañarte a través de todo lo que he aprendido, como si de un entrenador personal se tratara, para facilitarte el acceso a unos primeros **clásicos** escritos la mayoría en el pasado siglo XX, cercanos a nuestros días, cuya extensión no supera muchas veces las cien páginas. Felicidad en estado puro. Obras accesibles, por lo tanto, pero no por eso menos exigentes.

A lo largo de mi vida estas las he ido releyendo, en muchas ocasiones, porque si algo tienen los **clásicos**, vuelvo a citar a Calvino, es que nunca terminan de decir lo que tienen que decir. Estoy seguro de que no te conformarás, una vez entres en el mundo de los **clásicos**, con leerlos una sola vez. ¡Tienen tanto que ofrecerte!

He de decir que los diez libros de los que aquí hablaré los he seleccionado desde un criterio totalmente personal. Por la sola razón de que su lectura me salvó literalmente la vida y me hizo muy feliz. Llámame ingenuo, pero siento que lo que me ha salvado a mí puede que a ti también te salve y te haga feliz. Sin darme cuenta, he trazado un itinerario lector de forma cronológica. Desde aquel libro primero que me ayudó a superar mis problemas en la adolescencia, pasando por el que me marcó en mis años de estudiante universitario, hasta el último que descubrí hace muy poco viendo un documental de Netflix sobre la escritora Joan Didion. Así pues, los diez libros que aquí presento son las piezas de un puzle que una vez terminado revelan mi propio rostro como lector. He configurado mi biografía literaria al tiempo que elaboraba una primera aproximación a los **clásicos** de la literatura universal.

Es curioso que los libros, cuanto más leídos son, más vida poseen y en cambio nosotros, querido lector, cuanto más leemos, de menos vida disponemos. Ellos tienen muchas y nosotros solo una. Por eso te digo: escoge bien lo que lees. Apuesta por los **clásicos.** Son los únicos que te dejarán una huella indeleble.

# Capítulo 1

Escribir sobre uno mismo es mostrarse.
Aunque sea a través de otro.
Y para eso haber vivido mucho es necesario.
Y haber muerto tantas otras veces.

# LA INVENCIÓN DE UN IDIOMA PROPIO

## Ramón María del Valle-Inclán

SO LIVE A LIFE YOU WILL REMEMBER

Avicii, un clásico de la música electrónica, en una de sus mejores canciones «The nights» escribe: *One day you'll leave this world behind, so live a life you will remember.* Eso es exactamente lo que hizo Valle-Inclán: vivir una vida que valiera la pena recordar. Y ese recuerdo valioso nos lo legó convertido en forma de literatura. De la lectura de toda su obra extraemos esta lección: la vida, por más obstáculos y dificultades que hallemos, por más trabas e impedimentos que debamos superar, es el bien más preciado que poseemos. Vívela, sácale partido, fórjate un carácter, muestra tu personalidad, defiende tus ideas, sé valiente, ama, arriésgate, pero también soporta tu dolor, crécete en la adversidad, sé digno en la derrota y agradece siempre todo cuanto te concedieron y todo de cuanto te despojaron.

De él aprendemos que nuestros defectos, nuestras carencias y nuestros anhelos forman parte de nosotros y quizás sea ese nuestro lado más interesante y auténtico. Hay que creer en uno mismo y para ello no se puede dar la espalda a nuestras sombras. No vale con querer enterrar lo que no nos gusta porque puede que nos entierre a nosotros. De nada sirve huir porque seremos perseguidos por nuestra propia oscuridad. La misma que se sabe todas las salidas si pensamos en encerrarla y la que conoce todos nuestros recovecos si se nos ocurre esconderla. A nuestros fantasmas, a nuestros miedos hay que mirarlos a los ojos sin agachar la cabeza. Solo así lograremos ahuyentarlos.

Tal como lo hace Valle-Inclán, quien es partidario de poner las cartas sobre la mesa. Con él, vas a escuchar lo que ni de lejos quieres oír, pero así es la vida y toca adaptarse a ella. Permítete la melancolía, permítete la decepción, el pesimismo, incluso la derrota, mas nunca la rendición. Rendirse nunca es la respuesta. Eso no se negocia porque la vida es innegociable. Solo así vas a volar y nuestro escritor nos recuerda que la caída forma parte del vuelo, al igual que el desencanto forma parte del hechizo.

En este primer capítulo hablaré de dos de sus libros, dos verdaderos clásicos de nuestra literatura en español. Estoy convencido de que te cambiarán la vida como me ocurrió a mí.

## Una receta contra la desdicha

Sin libros podemos llegar a detestar la soledad, tenerle verdadero pánico al aburrimiento y, si no tenemos armas para combatirlos, los sufriremos a diario: nos aplastarán hasta dejarnos sin respiración. Sin libros podemos llegar a ser personas carentes de recursos para enfrentarnos a la realidad. Sobre todo, las que sean tímidas, sensibles, hipocondríacas, cobardes y ansiosas. Si te definen algunos de los adjetivos que acabo de nombrar, descubrir la obra de Valle-Inclán te servirá, no solo para admirar y disfrutar de un gran clásico de la literatura, sino para escapar de esa especie de vorágine negativa, de laberinto claustrofóbico en el que puede haberse convertido tu vida.

Suerte tendrás si te cruzas con él, con Valle-Inclán, digo. Repito: los libros salvan vidas. Punto. No sé qué hubiera sido de mí si no llego a leerlo, y no exagero. Ese gran acontecimiento, así lo recuerdo hoy, lo tengo grabado a fuego en la memoria. Tenía quince años y, por supuesto, en aquel entonces nada era de mi agrado. Solo tenía una preocupación, la cual no era menor: cómo sobrevivir a una vida que no entendía ni lograba descifrar. Sin embargo, jamás hubiera imaginado, porque la lectura hasta entonces no era ni siquiera una afición, que acabaría encontrando la mejor tabla de salvación en la sección de libros de un centro comercial. Concretamente, en la biografía de Valle-Inclán escrita por Francisco Umbral, que llevaba por título *Valle-Inclán: los botines blancos de piqué*. Enseguida me fijé en la cubierta: se trataba de un hombre sentado con la pierna derecha cruzada sobre la izquierda. Con traje. Elegantísimo. Lucía una barba larga y afilada como una gran estalactita y llevaba gafas de pasta redondas. Retratado de perfil, alardeaba de su lado malo: la manga izquierda de la americana caía sin movimiento alguno, recta, a plomo. No tenía brazo izquierdo y fardaba de ello sin pudor alguno. La mano derecha extendida sobre un libro abierto acomodado en su rodilla. Ese hombre me llamó poderosísimamente la atención. No escondía sus carencias. Al contrario: presumía de ellas. Abrí el libro y ahí estaba la frase que cambiaría mi vida: «Despreciar a los demás y no amarse a sí mismo». Muchos años después, se convirtió en mi primer tatuaje. A partir de aquel vinieron muchos más, puesto que la primera vez suele ser irrepetible, pero insuficiente. Como ocurre con el primer amor, le suceden casi siempre otros. Leer, amar y tatuarse, pero sobre todo leer fue la clave para espantar al batallón de miedos, ansiedades y obsesiones que, como a muchos adolescentes, me tenían secuestrado. Leer es un refugio, nos consuela y nos protege. Leer además tiene el poder de cicatrizar las heridas del que busca y no encuentra, dado que eso es vivir. Leer es justamente lo contrario: es encontrar aquello que no andabas buscando o creías que no buscabas y eso compensa todas las vicisitudes de la vida.

◆

Así pues, esa frase no es otra que la cita que encabeza el libro, la cita con la que Umbral presentaba a un genio totalmente desconocido para mí. Toda una revelación esas dos líneas. Despreciar a los demás y no amarse a sí mismo era lo que venía haciendo yo prácticamente desde que tenía uso de razón, aunque no fuera muy consciente de ello. La frase actuó como un espejo que me reflejaba. Conocerse, entenderse es la principal condición para resolver el conflicto con uno mismo. Esa lectura había logrado que no hubiese vivido en vano las escasas 48 horas que tardé en devorarla. Ahora podía decir que había conocido a alguien, aunque llevara muerto décadas, pues para mí estaba más vivo que nunca. Si bien, más que la parte biográfica, lo que llamó mi atención fueron dos de sus obras cuyos protagonistas parecían seres entrañables, de una humanidad fuera de lo común. Sin conocerlos destilaban desdicha, lucidez y vitalidad. Los títulos en cuestión son las *Sonatas,* con el subtítulo de *Memorias del marqués de Bradomín,* y *Luces de bohemia.*

# Parte I

## *Sonatas*. Memorias del marqués de Bradomín: el aristócrata enmascarado

*Reza, alma triste, en su devota huella,*
*los ecos de los muertos son sagrados,*
*como dicen que alumbran las estrellas,*
*alumbran los amores apagados.*

Valle-Inclán

Las *Sonatas* están compuestas por cuatro volúmenes: «Sonata de otoño», «Sonata de estío», «Sonata de primavera» y «Sonata de invierno», publicadas en este orden entre 1902 y 1905. Las estaciones del año están relacionadas con las etapas de la vida del hombre: la añorada juventud, inicio y final de la madurez y la solitaria vejez. En ellas, Valle-Inclán da voz a un personaje único. Nuestro protagonista, del que ahora hablaremos, es un vividor aventurero, culto y de una personalidad singularísima.

Ha llegado el momento de presentar al marqués de Bradomín. Un personaje literario, la máscara del propio

Valle-Inclán. Su *alter ego*. El marqués de Bradomín era feo, católico y sentimental. Menuda combinación. A pesar de su fealdad, de su destacada religiosidad y de su innegable carácter romántico, nuestro protagonista, aunque nos pueda extrañar, fue un donjuán despiadado, un mujeriego convencido y un pecador incorregible, a la vez que un fervoroso creyente en la doctrina cristiana. Un modélico ser aristocrático, tradicional y conservador. Las contradicciones saltan a la vista. ¿Cómo es posible sostener una identidad como esa? He aquí donde radica uno de los atractivos que posee esta lectura. Por eso, vale la pena conocer a una figura así. Te prometo que no te dejará indiferente.

Y es que nos hallamos delante de lo que podríamos definir como unas memorias. Una especie de autobiografía de este personaje particular que se centra en relatar sus amoríos y sus pasiones, casi todas ellas transgresoras y prohibidas. Las relaciones que mantuvo con tantas y tantas mujeres, a veces no tan mujeres, pero ese es otro tema. Lo importante aquí es que todo el libro desprende un aire de tristeza y decadencia. Sin embargo, no hay nada más vital e indestructible que lo que ya está destruido: las ruinas. Qué belleza poseen. Bien, pues haciendo una analogía, el marqués de Bradomín es a la literatura lo que el Partenón a la arquitectura.

## VALLE-INCLÁN, SELLO DE CLÁSICO

Viajar a Grecia un verano, soportar la canícula en una cola interminable de turistas para subir y fotografiar ese conjunto maravilloso que aparece en todas las guías como es el Partenón es mucho mayor esfuerzo que el que, supuestamente, requiere la lectura de un clásico. Lo curioso es que la gente a la hora de viajar sabe escoger buenos destinos, como Grecia, y por nada del mundo se perdería visitar esos lugares clásicos, aunque eso implique vivir un calvario. Sin embargo, a la hora de leer se conforma con el premio de turno que encuentra en la mesa de novedades. Leen si eso no supone mucho esfuerzo. Qué poco exigentes somos escogiendo libros. ¡La lectura es también un viaje! ¡Los clásicos son el mejor destino! Es cierto que este tipo de libros requieren un sacrificio por parte del lector, pero nunca superior al que invertimos en uno de esos desplazamientos que he descrito. Entonces, ¿no sería conveniente repartir y dosificar esfuerzos?

Cuando me dicen que explique la diferencia entre un buen libro y un clásico, siempre pongo el ejemplo de Valle-Inclán. La inmensa mayoría de los escritores crean personajes que solo funcionan en su propio escenario, que es la novela. Fuera de ella no son nada, fuera de esa historia, de ese asunto, desaparecen como lágrimas en la lluvia. La gran diferencia que convierte a Valle en un clásico a la altura de Cervantes es que en las *Sonatas* el protagonista no es un simple personaje, sino que el escritor ha sabido convertirlo en una persona de carne y hueso para que podamos ponernos en su pellejo; y ese escenario del que acabamos de hablar se transforma en una realidad tangible. Todo trasciende. Cuando te sumerges en un clásico, la lectura pasa a ser una experiencia vital inolvidable. Te olvidas de que estás leyendo. Nos alegramos si el personaje está alegre, lloramos si él llora, respiramos la brisa del mar y sentimos el sol en nuestro rostro si el escritor así nos lo describe. Un clásico te cambia la vida porque en la lectura has puesto la tuya. Eso no lo consigue la novelita de turno, ganadora del premio de no sé qué ciudad, que todo el mundo, a través de una brillante campaña de *marketing*, debe leer en el, pongamos, mes de marzo. Ahí está la diferencia.

## La musicalidad, más que una banda sonora

Querido lector, como profesor de Literatura que soy, te pido que me concedas la licencia de profundizar un poco más para hablarte del estilo de esta obra. Para mí, ahondar en la escritura de Valle es una necesidad y, si me acompañas en este pequeño viaje literario, te prometo que no te arrepentirás. Pues bien, el título de la obra habla por sí solo, en las *Sonatas* Valle no pretende otra cosa que no sea hacer música. La escritura se convierte en un instrumento y, por lo tanto, hay una doble dificultad: además de una historia que contar, lo más importante es cómo se cuenta. La trama es una mera excusa. Las palabras son mucho más que meras portadoras de significado. Con ellas se forman frases que, dependiendo de cuáles haya escogido el autor y qué puntuación haya empleado tendrán un ritmo y una musicalidad particular.

Valle-Inclán tiene en cuenta el compás y las pausas, los acentos, la colocación del verbo, la sonoridad de los vocablos, la abundancia de adjetivos y las comparaciones, con la única finalidad de que la escritura abarque un todo artístico en sí misma. Se trata de un modo de escribir muy parecido al poético. En pocas palabras: hallar la armonía que se desprende de la escritura.

Pongo un ejemplo de esa musicalidad poética: «Las almas enamoradas y enfermas son tal vez las que tejen los más hermosos sueños de la ilusión. Aquel renacimiento de nuestros amores fue como una tarde otoñal de celajes dorados, amable y melancólica». Como se puede apreciar, las dos frases separadas por el punto y seguido tienen una misma pauta: hay una cadencia ascendente hasta llegar a una breve pausa que viene dada por el verbo monosilábico y tras él desciende la frase hasta morir en el punto final. Se lee como si de una partitura se tratara. Es alucinante.

A la postre, este tipo de escritura era el modo que tenían los jóvenes escritores de rebelarse. ¿Contra qué y contra quién? Contra un modo de escribir que imperó en aquella época cuyo único objetivo servía para retratar la realidad, adentrarse en la vida de quienes participan o forman parte de ella. Además, había que renovar la literatura, modernizarse, nunca mejor dicho, pues así se denominó esa corriente literaria: modernista y Valle iba a la cabeza. A él no le interesaba nada que tuviera que ver con la mayoría. Lo importante era distinguirse.

## El valor de lo genuino

Propongo que a este libro se acerque todo aquel que busque leer algo completamente distinto a cuanto haya leído. Valle-Inclán ofrece una prosa extraordinaria que logrará que te enamores del lenguaje, y valores cómo este se somete a un riguroso proceso de virtuosismo. Es una obra escrita para aquellas personas a las que les interesa el testimonio de una existencia vivida en plenitud y recordada con la nostalgia del que sabe que de alguna manera ya está muerto, porque lo que le queda es lo que fue.

Una historia que permite conversar y recibir consejos de alguien que sabe de la condición humana como pocos. Porque el ser humano es contradictorio, capaz de hacer el bien y el mal. En el libro se reflejan esas incoherencias propias de nuestra naturaleza. Al marqués de Bradomín, estoy seguro de que los lectores podrían confiarle sus secretos y miserias, no los juzgaría. Entendería a cualquiera porque conoce como nadie de qué estamos hechos.

## CARTA DIRIGIDA AL MARQUÉS DE BRADOMÍN

*Estimado señor:*

*Tal vez lo soñé, pero recuerdo haberlo visto una noche en la barra de un bar junto a un tipo que parecía algo nervioso: su dedo anular repicaba, sin descanso, en la mesa de aquel antro, mientras usted le susurraba algo en el oído. Aquel individuo asentía de vez en cuando, como dando por bueno lo que le estaba diciendo. De repente, el hombre inquieto se levantó del taburete y salió a la calle donde fumaba la que supuse era su novia. Vi como usted sacaba del bolsillo su pitillera de plata y se llevaba a la boca un cigarrillo largo y delgado, dispuesto también a abandonar el local. Lo seguí afuera. La escena fue memorable: la persona con la que estaba hablando minutos antes hincó la rodilla en el suelo, sacó un anillo de compromiso y pronunció unas palabras que no olvidaré: «¡Dispuesto estoy a dar toda mi sangre y todos mis días por quien más adoro en esta vida! ¿Quieres unirte a mí hasta la postrera hora en que tengamos que partir?». Las lágrimas de la mujer hablaban por sí solas. Estoy convencido de que fue usted quien le dictó aquellas palabras. Qué favor el suyo. Enseguida levanté la mirada y lo busqué entre el griterío y los aplausos de los que había alrededor. Ni rastro. Pero sé que estuvo allí. No lo he vuelto a ver.*

*Espero que se halle usted bien.*

*Con admiración,*
*Un lector agradecido*

# Parte 2

## *Luces de bohemia*: la cara frente al espejo

*La bestia a la puerta brama estremecida,*
*en sus ojos queda la noche otoñal*
*y lejana, aquella noche de mi vida,*
*con sus dos caminos. ¡Y seguí el del mal!*

Valle-Inclán

*Luces de bohemia* es un libro inagotable, de una actualidad asombrosa a pesar de que se publicó en 1924. Se lee y se relee y se vuelve a releer y, una vez releído varias veces, se sigue releyendo. Es de esas lecturas que no se abandonan nunca. Formará parte del lector como si de su brazo o su pierna se tratara. El personaje protagonista de esta obra de teatro, Máximo Estrella, inaugura todo un género literario como es el esperpento, que consiste en deformar la realidad acentuando sus rasgos grotescos, está inspirado en el poeta Alejandro Sawa, al que Valle conocía bien de las tertulias en los cafés y en los ambientes noctámbulos marginales que él tanto frecuentaba. Así que resulta lógico que quisiera inmortalizarlo en uno de sus libros, dado que su vida fue la de un auténtico malogrado; de alguna manera, Valle-Inclán hizo justicia para con su amigo, ya que la desgracia se cebó con este poeta entrañable.

En contraposición a las *Sonatas*, Max Estrella es un personaje que no vive de sus recuerdos como nuestro protagonista anterior. Es alguien que tiene que lidiar con su presente, se halla en plena perdición cuando lo conocemos y pagó un altísimo precio precisamente por encontrarse y reconocerse en todas sus acciones y palabras, porque siempre fue él mismo. Sin hacer trampas, sin esconderse tras una máscara, sin poner excusas. Encaró la realidad tal y cómo era. Y salió vencido, como no podía ser de otro modo.

Max Estrella era un fracasado. Se definía por encima de todo como poeta. El primer poeta de España. Ciego, aunque visionario. Como la poesía no le daba de comer estaba escribiendo una novela y no hallaba editor, en el periódico donde trabajaba a duras penas le pagaban por lo que escribía y acabó despedido. Su mujer pensaba en empeñar alguna cosa para sobrevivir. Odiaban, como dice él mismo, su rebeldía y su talento. No se vendía y rechazaba, por tanto, a los vendidos que mendigaban un puesto que les diera prestigio ya fuera en política o en el propio mundo de las letras. Era un hombre libre. Solo aquel que a nada está ligado, a nada debe reverencia.

Según su amigo don Latino, que lo acompaña a lo largo de toda la obra, no tenía el talento de saber vivir. Soñador donde los hubiera, su vida estaba reñida con la realidad y el pragmatismo. En esa larga noche que compartimos con él, somos testigos de cómo empeña su capa que lo protege del frío y de la intemperie de la madrugada por un décimo de lotería.[1] Todo lo que te permite soñar es bienvenido en la vida de nuestro héroe. El juego y la bebida principalmente.

Tremenda combinación que acaba con un resultado previsible: la muerte de nuestro poeta maldito y bohemio que, como si de un visionario se tratara, la llevaba anunciando casi desde el comienzo: «Mañana me muero, y mi mujer y mi hija se quedan haciendo cruces en la boca».

Una muestra de su genio, que es el colmo de la ironía, es cómo se tiene que excusar por estar muerto. Su amigo, que cree que lo de su muerte es una broma, le exige que responda a sus peticiones. «Los muertos no hablan», le contesta el poeta. Tiene que resucitar para decir una última verdad. Porque eso es lo que ha estado haciendo durante toda la obra: decir verdades como templos. Iluminar a los lectores que tras la lectura deberíamos ser mucho más críticos con la sociedad y con nosotros mismos como lo es Máximo Estrella. Ahora veremos cómo articula esa crítica mordaz.

## Verdades inmutables

Durante su periplo noctámbulo por las calles de Madrid le ocurren todo tipo de vivencias que le sirven a Valle-Inclán, el padre de la criatura, para retratar el estado de degradación del país. En la escena sexta, cuan-

1. Tengo que confesar que llevo tatuado en el brazo el número de lotería con el que se hizo el poeta un capicúa 5.775. Desde entonces, es mi número de la suerte.

do Max Estrella es detenido esa noche y llevado al calabozo, se encuentra con un preso catalán, Mateo. Ese diálogo no tiene desperdicio y lo que escribe de nuestro país, en ese principio de siglo XX, sigue de plena actualidad. El preso dice: «En España el trabajo y la inteligencia siempre se han visto menospreciados. Aquí todo lo manda el dinero».

En otra escena, muerto ya Máximo Estrella, el diálogo entre los dos sepultureros es memorable: «En España el mérito no se premia. Se premia el robar y el ser un sinvergüenza. En España se premia todo lo malo». Cada vez que Valle-Inclán cita la palabra «España» suelta verdades como puños.

Famosa, viral, diríamos ahora, es la escena del callejón del Gato y los espejos deformantes que todavía hoy permanecen en esa calle. En ella el autor explica su visión de la sociedad. Dice textualmente: «Los héroes clásicos reflejados en los espejos cóncavos dan el esperpento. El sentido trágico de la vida española solo puede darse con una estética sistemáticamente deformada. España es una deformación grotesca de la civilización europea. Las imágenes más bellas en un espejo cóncavo son absurdas».

Menudo palo a España. Merecido. Somos el resultado de posar delante de un espejo cóncavo. Hemos nacido deformes y no hay cura para eso. Llevamos a cuestas nuestra deformidad y asustamos con nuestra anatomía al mundo. La imagen es visual a más no poder. ¡Es esperpéntica! Esa expresión que utilizamos actualmente proviene de esta obra. La definición se lexicaliza, la recoge el diccionario y sirve para definir aquello que es grotesco y estrafalario.

Tampoco se salva de la quema la literatura, pues la crítica hacia lo academicista es feroz. La ley y el poder en manos de mediocres lleva a la perdición. También en el ámbito literario.

Llamativa es, asimismo, la crítica hacia el estado de la cultura del momento. Max Estrella representa al escritor empobrecido. Un poeta que insiste en declararse plebeyo, en estar donde están los problemas, la opresión y la injusticia. Y carga contra los estamentos que dirigen dicha cultura.

Hasta tal punto llega el guiño metaliterario de Valle-Inclán que, en una de las últimas escenas de la obra, se lleva a cabo un diálogo existencialista entre Rubén Darío, máximo exponente de esa poesía moderna, y el admirado personaje de las *Sonatas*, el marqués de Bradomín. Un juego entre realidad y ficción memorable.

## La genialidad de lo esencial, todo un clásico

En la primera parte de este capítulo esgrimimos una de las razones por las que un libro obtiene la categoría de clásico: convertir al personaje en alguien de carne y hueso, con vida propia. Trascender. Asimismo, en esta obra maestra existe otra razón aún más poderosa: el libro debe resistir el paso del tiempo. Y, para eso, su lectura no puede quedarse obsoleta, presa de la época en la que fue escrita. La salvaje actualidad que posee *Luces de bohemia,* a pesar de los años que lleva publicada, es un argumento indiscutible para ubicarlo en ese altar exclusivo reservado para unos pocos elegidos. La España que retrata Valle-Inclán es la España de hoy. Misma corrupción, mismas envidias, mismas luchas de poder. La pugna entre civilización y barbarie sigue más viva que nunca en nuestro país. El talante picaresco persiste, las desigualdades económicas y sociales siguen existiendo.

El escritor que es capaz de crear un clásico es una especie de genio iluminado que sabe dar en la tecla de lo esencial. Incluso es capaz de intuir lo que más tarde será una realidad. Tener esa mirada sobre el alma de las cosas y desdeñar lo meramente superficial es un don que, sin duda, poseía Valle-Inclán.

Además, esta obra despierta el espíritu crítico que todo buen lector debe tener. Si eres alguien que no se conforma con lo que ve y oye, y cree que toda visión está relacionada con los intereses individuales, este libro es para ti. Porque no puede haber opinión más sincera, objetiva y veraz que la de Max Estrella que no forma parte de los círculos de interés y, como hemos dicho ya, observa la vida desde la barrera, desde un lugar que no es ningún lugar.

Valle-Inclán hace que su personaje pasee en las postrimerías de su vida por un Madrid noctámbulo y a través de su mirada lúcida y crítica, señala la degradación de la ciudad y de todos los estamentos que la forman. Es curioso que, por otra parte, sea ciego, beba y tenga una vida miserable. Un ser marginado al que muchos tomarán por loco, resentido y que solo dice barbaridades propias de alguien herido e invisibilizado. Aquí el lector también tiene mucho que decir. ¿Quién cree a Max Estrella? Las preguntas que no tienen respuesta en un libro también lo convierten en un clásico. Dependiendo de tu hipotética respuesta, el libro tiene una lectura u otra. No lo agotarás nunca.

## Enseñanzas de un antihéroe

Muchos antihéroes pueblan la literatura española desde el Lazarillo de Tormes hasta el famoso don Quijote de la Mancha. Las personas afortunadas que jamás han conocido fracaso alguno poco te aportan. Las historias felices no generan diálogo. Y todos necesitamos conversación. Nadie queda con sus amigos para contarles lo dichosos que son y, si lo hacen, la charla dura menos de un minuto. Luego cada uno sacará el móvil y colgará en sus redes sociales una foto sonriendo delante de un plato de cocina moderna. Y tengo mis dudas de que eso sea vivir. Escuchar la voz de los perdedores como Lázaro de Tormes, don Quijote o Max Estrella es otra cosa. Sus principios, sus fortalezas, sus debilidades, sus experiencias captan la atención de cualquiera. Cómo sobreviven esas personas a todos los obstáculos que les pone la vida, te aporta un aprendizaje imposible de hallar en alguien a quien la vida le sonríe constantemente.

Si has sabido sobrevivir a una vida que te ha venido de espaldas, si te has asomado alguna vez al precipicio y al límite, *Luces de bohemia* es para ti. Dicen que en las guerras es cuando se agudiza el ingenio y la inteligencia del ser humano. El ingenio y la inteligencia de Max Estrella proviene de la peor de ellas. La que se lucha contra la mismísima realidad.

Imagina, lector, que estás invitado a compartir las últimas horas en este mundo de Mala Estrella o Alejandro Sawa, pues ese es el tiempo real de la obra. Y en esa noche aprendes y entiendes lo que muchos no van a aprender ni a entender durante toda su vida. ¿Aceptarías? Estoy seguro de que sí. Solo tienes que leer *Luces de bohemia*. Sabrás de política, de arte, de literatura, de derrotas, de victorias, de la vida y de la muerte, del éxito y del fracaso. Todo ello lo logra Valle-Inclán haciendo hablar a Max Estrella junto a su amigo don Latino.

Esta pareja te mostrará la mirada lúcida que solo poseen los que observan desde lejos bajo luces mortecinas, tenues, agonizantes: luces de bohemia. Lo esplendoroso te ciega y apenas te permite palpar a tientas la realidad. Max Estrella y don Latino poseen esa condición marginal de los alejados. Y a pesar de ello, aman demasiado la vida, como hacen todos los jóvenes, en palabras del propio Max. Aunque ese amor conduzca a la muerte. Él, en espíritu, pertenece a esa juventud. Sin ese amor no se vive con la intensidad que vivía él. La vehemencia de su voz que clama contra las injusticias pertenece a un convencido vitalista. Esa fue su máxima aportación.

## La valentía de ser libres

La felicidad existe para ser compartida. En cambio, cuando nos sentimos desdichados, tendemos a aislarnos y creer que lo que nos está ocurriendo solo nos pasa a nosotros. Estamos solos ante nuestros problemas y nuestras desdichas. Y siempre las tendemos a ocultar porque, cuando sales a la calle y luce el sol, parece que nadie tiene dificultades ni ningún impedimento para vivir. En la calle la gente sale a comprar, a pasear. Nadie revela nada ni muestra un ápice de debilidad. Ni siquiera los amigos se cuentan toda la verdad por vergüenza o por miedo a abrirse y sentirse inferiores. Pocas son las veces que habré visto llorar a alguien sentado en un banco. Disimulamos, escondemos nuestras flaquezas.

Tanto el marqués de Bradomín como Max Estrella a pesar de todas sus diferencias son hombres valientes y libres que se atreven a confesar sus desdichas. Gozan de esa libertad. En esta época nuestra en la que somos esclavos de las redes sociales, donde parece que estamos obligados a mostrar, aunque sea mediante el engaño, nuestro lado más maravilloso son necesarios estos dos personajes para abrirnos los ojos y quitarnos la venda.

Quiero acabar este capítulo con un poema muy breve de Romina Berenice Canet, de su libro *Maleza*:

*Este laberinto*
*es tan cruel*
*que en todas partes*
*hay salidas.*

La mayoría de las veces vivimos y nos creamos laberintos de los que nosotros mismos no queremos salir. Valle-Inclán puede ser «tan cruel» que sus libros te muestren todas las salidas que tienes frente a ti. Salir ya es cosa tuya.

## CARTA DIRIGIDA A DON MÁXIMO ESTRELLA

*Distinguido señor:*

*Tal vez lo soñé, pero recuerdo haber deambulado por las calles de mi ciudad junto a usted. ¡Qué buena compañía la suya! Conversamos, hablamos de las injusticias del mundo, analizamos los problemas y hallamos solución a todos ellos. Nos dieron las tantas porque tanto usted como yo no madrugábamos al día siguiente. Por aquel entonces yo daba el curso por perdido, nadie daba un duro por mí y usted recuerdo que me dijo que no trabajaba al día siguiente hasta las cuatro de la tarde, hora en la que entraba a la redacción de su periódico. Hubo un instante en que tuve la sensación de que éramos los dos únicos habitantes de este mundo creado a nuestra medida. Cualquier excusa para alargar la noche y posponer nuestro adiós era buena con tal de no volver a la realidad de nuestras vidas. Apuramos hasta el final aquellos momentos de libertad. Con el amanecer, surgirían de nuevo los problemas, la vocecita del deber nos recordaría las obligaciones y responsabilidades que debíamos asumir. Hasta esas ultimísimas horas, para algunos las primeras del día, estuvimos charlando. Recuerdo que usted sostenía con vehemencia que la felicidad ciega y atonta al personal y defendía la belleza que se hallaba en los trenes perdidos que uno deja pasar. En lo que podría haber sido y no fue. Ambos idealizamos, soñamos y también maldijimos. Ahora, bajo cada farola de luz mortecina que contemplo en el barrio donde vivo, me acuerdo de usted. De algunas de sus palabras: «Quien sabe abrazar la serenidad que te regala la soledad y la desdicha no será jamás un desgraciado. Solo la noche más oscura, querido Gabriel, es la que alumbra». Cada vez que recorro de noche esas calles solo, triste, cansado, pensativo y viejo, como decía el bueno de Machado, espero encontrarlo de nuevo bajo una de esas farolas insomnes donde nos encontramos por primera y única vez, pero no he vuelto a saber de usted.*

*Espero que se halle usted bien.*

*Con admiración,*

*Un lector agradecido*

# Capítulo 2

¿Serías capaz de exhibir tus grandezas y tus miserias?
¿Capaz de revelar tu verdad?
No serás más débil o más fuerte por hacerlo. A buen seguro, más humano.

# EL HOMBRE QUE QUISO CREER

Miguel de Unamuno

## La importancia de los secretos

Piénsalo bien antes de responder: ¿eres alguien a quien se le puede confiar un secreto? A poca gente he conocido que posea la discreción necesaria para no revelar nunca, bajo ningún concepto, aquello que uno ha contado en absoluta confidencialidad. Muy poca gente se lleva un secreto a la tumba. Pocos son los que saben callar y no traicionar. Pocas personas he conocido que no juzguen lo sabido e incluso lo utilicen como arma arrojadiza. Al fin y al cabo, la información es poder y es tan difícil gestionarlo...

Dependiendo de lo que te cuenten, del tipo de secreto que te hayan confesado, puede ser hasta un problema para uno mismo. Muchas veces o, más bien, siempre, lo mejor es no saber. «Mejor que no lo sepas», nos advierten. Y en vez de hacer caso y olvidarnos del asunto insistimos porque nos pueden las ganas, la intriga y, sin embargo, una vez sabido, ¿cuántos se arrepienten? ¿Hasta qué punto condiciona incluso nuestra propia existencia enterarse de lo que igual no tendríamos que habernos enterado?

Acabo con otra cuestión que también requiere algo de tiempo antes de que contestes. ¿Te has preguntado alguna vez por todo lo que ignoras de aquellos a quien crees conocer? ¿Eres consciente de que lo que advertimos y percibimos en comparación con todo aquello que desconocemos es tan insignificante que nuestra visión del mundo y de los demás es, y será siempre, sesgada, por no decir falsa? Todo lo que tiene que ver con un nosotros por fuerza se escribe con letra minúscula. Gozamos de una existencia de la que apenas sabemos nada, vivimos rodeados de incertidumbres, sin certezas. Quien persiga la verdad jamás hallará descanso. Esto es, precisamente, lo que hizo el autor de este capítulo, don Miguel de Unamuno: buscar sin tregua la verdad. Sus libros son una muestra de lo agónico que resulta optar por esa senda donde el caminante no va a encontrar refugio alguno. ¿Estás dispuesto a seguirlo? Vamos, acompáñame.

Yo lo hice mucho tiempo atrás, concretamente, dos años después de leer a Valle-Inclán, a los diecisiete. Ahí llegó mi segundo deslumbramiento. Estaba en bachillerato y descubrí a Miguel de Unamuno a través de su novela *San Manuel Bueno, mártir.* Mi, por aquel entonces, profesor de Literatura nos habló de ella en clase. En palabras suyas, el protagonista era un personaje que rompía esquemas, te desencajaba porque quebraba con lo establecido. Lo que ni él ni mis compañeros sabían es que en el tiempo que duró aquella charla yo ya me había terminado el primer capítulo. No levanté la cabeza hasta terminarla.

## *San Manuel Bueno, mártir*: fe ciega en la razón

> *¡Qué grande eres, mi Dios! Eres tan grande*
> *que no eres sino Idea; es muy angosta*
> *la realidad por mucho que se expande*
> *para abarcarte. Sufro yo a tu costa,*
> *Dios no existente, pues si Tú existieras*
> *existiría yo también de veras.*
>
> Miguel de Unamuno

Esta novela corta publicada en 1931 pretende reflejar la angustia existencial del autor, quien da voz a un párroco de una pequeña aldea que no cree en Dios y que aun así debe mantener ese secreto. En caso contrario, trastornaría la vida de los oriundos de esa villa, pues no lograrían entender su falta de fe. El propio párroco lo sabe muy bien. En otras palabras, el libro trata sobre una verdad que no se puede revelar ni compartir, no obstante, veremos que todo gran secreto escoge a su confesor y en torno a ese clima de silencio y desconsuelo se desarrolla la historia. El lector que se sumerja en ella vivirá ese secreto y la ansiedad que conlleva, aunque también se dará cuenta de la bondad de ese humilde cura que pone siempre los intereses de los demás por encima de los suyos. Se entrega al resto con un amor y una compasión fuera de lo común y esa generosidad hacia todos sus feligreses, teniendo en cuenta el tormento bajo el que vive, hace de él uno de los personajes más inolvidables de la literatura española.

Unamuno, en esta ocasión, utiliza el recurso narrativo de la confesión, con lo que consigue hacernos cómplices desde la primera página. En el epígrafe final, el autor nos relata que llegó a sus manos un documento escrito por una tal Ángela Carballino, hermana de Lázaro Carballino, a quien don Manuel (el párroco) confesó su secreto. Cuando Ángela escribe sus recuerdos, apesadumbrada por la desaparición tanto de su hermano como del párroco, necesita dejar testimonio de lo que vivió y sufrió por las almas de las dos personas más importantes de su vida. Ninguno profesaba fe alguna y ella, como acérrima creyente, sabedora del secreto también por boca de su hermano, vivió triste y abatida el resto de sus días. Sin embargo, quiso dejar constancia de la bondad y misericordia de ese cura al que consideraba como a un padre, alguien que hallaba consuelo consolando a los demás, que los alentaba a vivir en la fe que él desestimaba.

Otro aspecto importante y significativo de la novela es la simbología que Unamuno establece: la montaña y el lago de la pequeña aldea son algo más, mucho más. De nuevo, querido lector, me tomo otra pequeñísima licencia para desarrollar esto del simbolismo. Imagina que un frágil copo de nieve es la creencia en Dios. En los picos de la montaña ese minúsculo copo de nieve cuaja y se mantiene vivo. La montaña simboliza la fe. Ahora bien, ese mismo copo, si cae en el lago, se desvanecerá sin dejar rastro. Por tanto, el lago es la falta de fe, la razón cuyo único mecanismo se opone a cualquier creencia. Don Manuel lo expresa así en el libro: «¿Has visto, Lázaro, misterio mayor que el de la nieve cayendo en el lago y muriendo en él mientras cubre con su toca a la montaña?».

En la obra se hace referencia a estos dos símbolos en varias ocasiones. La montaña y el lago; el lago y la montaña. Existen, por tanto, dos tipos de seres humanos: los que son montañas y los que son lagos. ¿Sabes, lector, dónde te encuentras tú?

También es importante destacar una frase que se repite a lo largo de toda la novela: «¡Dios mío, Dios mío! ¿Por qué me ha abandonado?». La proclama a gritos Blasillo, el tonto del pueblo, sin ser consciente de lo que dice porque tiene fe ciega y es creyente. Como si de un mantra se tratara, en realidad, es lo que piensa don Manuel, quien cada vez que la oye recuerda su falta de fe. Blasillo grita sin saber bien lo que dice y don Manuel no puede gritar lo que sabe. En definitiva, dos caras de la misma moneda.

## ¿Salvación o perdición?

Con el título de la obra ya sabemos dos cosas: don Manuel fue un hombre bueno y un mártir. Bueno porque a pesar de su falta de fe siempre dedicó su vida al prójimo para que viviera en paz y sosiego, alejado del secreto que lo devoraba. Sabía que los habitantes del pueblo y su felicidad estaban por encima de todo. Y esa bondad era lo que lo convertía en un mártir porque nunca dejó de sufrir al tener que callar su verdad. Entonces, ¿la bondad martiriza? ¿Vivir por y para los demás, ser conscientes de todas las carencias que pueden tener las personas que te rodean y volcarte en ellas te hace dichoso o desgraciado? Está claro que ayudar siempre es un acto de bondad, pero ¿no es más feliz quien ignora cualquier desgracia ajena? Estas son algunas de las muchas preguntas que me hice al leer la novela y dejo las respuestas en manos del lector.

Al mismo tiempo, el papel de Lázaro es clave. Alguien que llega al pueblo desde las Américas, inteligente y ateo, distinto a todos los aldeanos. Sospecha del párroco y este no duda en revelarle el secreto que lo está consumiendo por dentro. Lázaro, que se quería marchar del pueblo con su hermana para apartarla de ese ambiente rural y desfasado, se convierte en cómplice de don Manuel y aprende a fingir igual que él. Ángela, en consecuencia y como «daño colateral», nunca saldría del pueblo.

## Sobre lo difícil que es aceptar la verdad

Con esta historia, se es consciente de que detrás de la seguridad que pueda transmitir una persona, por más principios inquebrantables que tenga, por más que crea en algo, siempre habrá un resquicio de duda e inseguridad. Es más, no te sorprendas, querido lector, si después de leer esta novela sospechas de todas las personas que están convencidas de algo y creen en lo que sea sin un ápice de duda. ¿Cuántos médicos habrá que no confíen en la medicina y la ejerzan para tranquilidad de sus pacientes? ¿Y cuántos profesores que no crean en la educación y sigan educando, pese a la falta de esperanza en el futuro de sus alumnos? El mérito está en seguir ejerciendo esa vocación dedicada a los demás, a pesar del propio pesimismo. Curas faltos de fe, médicos que no confíen en sus tratamientos y profesores que no crean en la educación como herramienta de progreso solo refleja que los seres humanos no son máquinas. Aceptar esa contradicción quizás no los haga mejores médicos o profesores, aunque tampoco peores. A buen seguro los hace mejores personas.

Su verdad, la verdad de ese párroco no estaba hecha para aquellos humildes aldeanos. Ellos necesitaban aferrarse a algo, creer, y el párroco lo sabía y callaba. Posiblemente tu familia, tus amigos, tu entorno no esté preparado para escuchar alguno de tus secretos o de tus inquietudes. Igual necesitan creer que todo está bien y no puedes manifestarles tu estado de ánimo porque, conociéndolos, los hundirías. Uno debe saber con quién puede desahogarse sin que tenga un coste para la otra persona.

Ojalá todos fuéramos como Lázaro, que todo aquel que te conozca te vea como alguien en quien pueden confiar su verdad. Y para eso hay que tener la mente muy abierta y no juzgar nunca al otro. Que te confíen un secreto es el mejor regalo que te pueden hacer; también poder confiarles el tuyo.

Unamuno nos regala una lección tremenda: si hay gente que oculta su verdad, es porque no estamos a la altura de ella. Un padre oculta la muerte de su madre al hijo porque cree que no va a ser capaz de asimilarla. Es entendible, pero ¿por qué una persona homosexual no puede contárselo a sus padres o a sus amigos, o confesarlo en el trabajo? Si eso se esconde, la culpa no es de quien oculta esa realidad. Es nuestra y solo nuestra. Ninguna verdad debería ser negativa. ¿Por qué es tan difícil contarla? Supongo que porque nos ocurre lo que a don Manuel. No estamos listos para lidiar con ella dadas las consecuencias que puede tener. Si a alguien le incomoda la verdad del otro es porque tiene la mente tan estrecha como los aldeanos de Valverde de Lucerna y no está preparado para asimilarla. Es gente que no ha sabido evolucionar, anclada en una vida incompatible con el progreso. Personas incapaces de pensar por sí mismas.

Tras esa lectura, traté y he tratado desde entonces de tener altura de miras. Me he permitido dudar hasta del color de la nieve. Permítete mirarla tú y decidir. Para tener una mente abierta hay un solo camino: leer, leer, leer y leer.

## Unamuno, o estás con él o contra él

En el primer capítulo de este libro, esgrimimos en las obras de Valle-Inclán dos razones por las que un libro se convierte en un clásico: la trascendencia de los personajes, que se hacen un hueco en nuestras vidas, y la radical actualidad que posee una obra que sortea el paso del tiempo y se mantiene viva como si estuviera escrita hoy mismo.

Aquí podemos encontrar una tercera razón: un clásico te sirve para definirte a ti mismo en relación, y quizás en contraste, con él. Eso decía Calvino en plena posesión de la razón. En esta novela de Unamuno, no puedes ser indiferente, el libro te obliga a posicionarte.

¿Entiendes al párroco? ¿Lo censuras? ¿Llegas a comprenderlo? ¿Te parece una aberración? El crítico literario Sainte-Beuve, en la misma línea de Calvino, considera que un clásico es un libro que nos devuelve nuestros propios pensamientos con toda riqueza y madurez. Unamuno te obliga a pensar, a decidir, incluso a juzgar. Si hay una característica esencial en estos libros inmortales es que son siempre atrevidos. Abordan los temas más polémicos y controvertidos, aquellos de los que nos aconsejan no hablar abiertamente en las comidas o cenas familiares por miedo a herir la sensibilidad de algún presente, sin caer en tópicos, clichés ni lugares comunes. No es propio de un clásico ponerse de perfil y usar un lenguaje políticamente correcto, puesto que suele ir acompañado de argumentos bastante pobres. Los clásicos siempre se mojan en las cuestiones más delicadas, ya que es ahí donde se encuentra lo que de verdad importa. Piensan a fondo, ahondan en el peligro con una voz particular que no suele compartir el discurso público común construido a base de ilusiones y mentiras, siempre en busca de una perspectiva que aporte a los lectores la lucidez y la clarividencia necesarias para formarnos una opinión de las cosas más complejas. Esas que los medios públicos, con algún tipo de interés, quieren simplificar con tal de que no pensemos. Ahí radica el gran objetivo: en que la mayoría no piense y no incomode. Pocas experiencias hacen que nos conozcamos mejor, y conozcamos mejor el mundo, como la lectura de un clásico. Este de Unamuno ciertamente lo es.

## Vivir cuesta arriba

Casi al final de la novela, don Manuel, el párroco, en una conversación con Lázaro define la religión verdadera. Sus palabras exactas son: «Todas las religiones son verdaderas en cuanto hacen vivir espiritualmente a los pueblos que las profesan, en cuanto les consuelan de haber tenido que nacer para morir, y para cada pueblo la religión más verdadera es la suya, la que le ha hecho».

Hasta la persona más creyente debería estar de acuerdo con esta definición. Para las personas de fe, posiblemente, se quede corta, puesto que, además de haber un aquí existe también un allí. El párroco de nuestra novela, poco osado, solo se permite constatar lo que ocurre a este lado. Cierto es que creer que la muerte es el final de todo puede hacer que la vida sea una cuesta en la que uno solo pueda andarla hacia arriba. En cierta manera, uno es quien decide cómo colocar la pendiente. Esa es la primera conclusión a la que se puede llegar tras leer esta novela. Pero hay más. La obra permite reflexionar sobre lo verdadero y lo falso. Así pues, la segunda conclusión complementa a la primera: cualquier cosa que nos consuele, por ese hecho, se convierte en verdadera. En consecuencia, según la lógica, si consuela es verdad. ¿Cómo saber si un amor es verdadero? Si consuela es de verdad. ¿Cómo averiguar si la decisión que debo tomar es la adecuada? Si mi elección me consuela, habré tomado una buena decisión. Esta frase debería servirnos de guía en nuestra vida. Si nos orientáramos siguiendo esta máxima, tal vez cometeríamos menos errores y nuestra existencia sería más plácida. ¿Alguien todavía cree que no hay que leer a los clásicos?

## CARTA A DON MANUEL

*Estimado señor:*

*Tal vez lo soñé, pero recuerdo que pasé unos días lejos de la ciudad en un pueblo remoto de apenas unos pocos habitantes. Necesitaba desconectar de todo y de todos. Uno no se da cuenta de que sus fuerzas flaquean hasta que el cuerpo, que es muy sabio, avisa. En mi caso, tras una de esas jornadas de trabajo interminables llegué a casa y, lejos de poder hallar descanso, sentí en las sienes los latidos de mi corazón. Cada vez eran más rápidos. Pensé que se me saldría el corazón del pecho. Junto con las palpitaciones, la respiración también se aceleró, pero cuanto más aire cogía, más me faltaba. Salí al balcón y la brisa nocturna logró calmar mi ansiedad. Entendí que necesitaba unos días de asueto. La cuestión es que me encontré a mi mismo en ese pueblo perdido. Di vueltas por los alrededores y paseé a orillas de un pequeño lago. Me estiré cerca de esas aguas y me pareció oír su voz. Quizás sería el susurro del viento, aunque yo escuché más de una vez: «Vive, estimado Gabriel, vive. Hay que vivir. Sé que no hay consuelo en saber que hemos tenido que nacer solo para morir, que no hay más verdad que esa, pero hay que vivir. Calma tu mente despierta, adormécela, cree, muchacho, cree». Sé que fue usted, don Manuel, que desde donde sea que esté ahora quiso dejarme esas palabras. Si fue su voz, es que la muerte no es ningún final. ¿Me dijo eso para que creyera y pudiera tener una vida más feliz de la que he llevado hasta ahora? ¿Es usted la voz de Dios? Desde ese día, quienquiera que fuera, y estoy convencido de que fue usted, no ha vuelto a decir nada más. Cierto es que tuve que volver a la ciudad y la serenidad y el sosiego de esos días no los he vuelto a sentir. Volveré a ese pueblo y a ese lago y espero escucharlo de nuevo.*

*Espero que se halle usted bien.*

*Con admiración,*
*Un lector agradecido*

# Capítulo 3

Puede que el amor te arrastre y te empuje como un huracán hacia un lugar insospechado. Y allí en una tierra arrasada y destruida hallarás cobijo.

# SALTAR SIN PARACAÍDAS

## Stefan Zweig

TIC, TAC, ¡BOOM!

Cualquiera, a bote pronto, sin reflexionar lo más mínimo, te dirá que enamorarse es una de las mejores experiencias de las que uno puede gozar en esta vida. Y que, además, nos hace mejores personas: más sensibles, más generosas, más humanas. Quizás sea así. Lo es a veces, sin duda alguna. Pero puede que otras veces sea todo lo contrario. Si lo piensas bien, querido lector, enamorarse es uno de los actos más crueles que podemos cometer. Escogemos a una persona o nos escogen y, como si de una percha se tratase, colgamos o nos cuelgan todas las fantasías y caprichos, todos los miedos, celos e inseguridades que uno tenga. ¿Quién sale ileso de una historia de amor? Ese sentimiento puede llevarnos a sobrepasar los doce mil metros de altura de enamoramiento para más tarde caer en el más absoluto vacío sin el tan necesitado e imprescindible paracaídas. Visto así, igual no es un estado tan deseable como el común de los mortales suele afirmar. En nombre del amor también se han perpetrado los crímenes más feroces que uno se imagine. Sin ir más lejos, el de la propia protagonista de la novela de este capítulo hacia ella misma. Esta obra, tan breve como ambiciosa, se convierte en un artefacto explosivo y peligroso porque pretende combinar un primer amor idealista de una adolescente solitaria, secreto, intenso, y deslumbrante, con el de un adulto que ni siquiera contempla la posibilidad de enamorarse de ella. Es la historia de un accidente entre una amante y un amado. La que ama apenas logra sobrevivir al desastre: muerta en vida deambula moribunda el resto de sus días y el amado sale prácticamente ileso, sin apenas un rasguño.

Esa adolescente enamorada, que es a la vez tan insegura como valiente, concentra toda la pasión de un amor que el paso del tiempo no desgasta. Esa es la razón por la que acaba con ella. El adulto, el caballero atractivo y seductor, ajeno a esa destrucción, es un personaje secundario. Es el culpable sin culpa. El asesino que no ha matado nunca. Debes adentrarte, lector, en este libro para saber cuál es el precio que puedes llegar a pagar si acaso alguna vez te enamoras. O si alguien se enamora de ti.

*Carta de una desconocida* fue publicada en 1922 por el escritor y periodista vienés Stefan Zweig y casi nueve décadas después llegó a mis manos. Era 2010, la selección española masculina de fútbol celebraba la victoria del Mundial mientras yo tocaba fondo. De nuevo, otro libro me salvó la vida, en este caso, gracias a la recomendación del doctor Noria. Tras su lectura, me preguntó si dejaría que una obsesión arruinara mi vida, a lo que respondí con otra pregunta: ¿acaso uno puede escoger de quién o de qué se obsesiona? Ahí lo dejo.

## *Carta de una desconocida*: verdades dolorosas

> No es hasta que nos damos cuenta de que significamos algo para los demás que no sentimos que hay un objetivo o propósito en nuestra existencia.
>
> Stefan Zweig

No hay libro que haya recomendado más que esta breve novela de Zweig. Tanto a lectores poco habituales, por su brevedad (apenas sesenta páginas), como a empedernidos letraheridos, por la intensidad y el gran calado de la historia. El resultado siempre ha sido el mismo: un libro impresionante que no decepciona a nadie.

Zweig supo hacer compatible algo muy difícil: llegar al gran público, esto es, crear lo que llamaríamos hoy en día un *best seller* sin que eso suponga una baja calidad literaria, la que convierte a los personajes en seres planos en función de una trama previsible. Nada remotamente parecido ocurre en esta novela. Todo lo contrario. La buena literatura tiene que estar llena de verdad. Y la verdad es compleja y tiene muchas caras. Además, debe partir de la necesidad. El escritor debe sentirse necesitado de escribir una historia sin más motivo que esa imperiosa obligación. Como el que escribe una carta justo antes de morir. No puede haber engaño en esa situación tan extrema, nadie finge a las puertas de la muerte. Es el puro afán por la palabra y la escritura, la de alguien que sabe que, una vez muerto, serán esas líneas todo lo que quede de él.

Esto es precisamente lo que ocurre con esta novela. Stefan Zweig sabe ponerse como nadie en la piel de una condenada a muerte y reflejar esa impetuosa necesidad de revelar lo que ha callado toda su vida ahora que el reo está a punto de morir. No se deja ni una sola cosa de las que quiere confesar: de niña se enamoró de aquel vecino que le causó verdadero asombro y vivió por y para él el resto de sus días. Él, un famoso novelista, no llegó nunca a conocerla a pesar de haber estado con ella. ¡Tuvo tantas amantes! Ella tampoco quiso entrometerse en su camino pese a quedar embarazada y tener un hijo suyo, cuya muerte es la razón por la que decide explicarse y acabar con todo. Puedes imaginarte, lector, el asombro y la perplejidad de alguien que recibe una noticia así. El hombre, tras leer la misiva, acaba recordando ligeramente a aquella chiquilla vecina suya con la que tuvo, pasados los años, algún que otro encuentro sin importancia.

Toda esta historia queda comprimida en sesenta páginas que nadie puede permitirse el lujo de no leer. Ahora, me gustaría compartir contigo, lector, algunas de las preguntas que me he ido haciendo en las diversas lecturas de esta obra maestra y que son, cuanto menos, de difícil respuesta. Allá van:

¿Cómo se le puede dedicar la vida entera a alguien y a la vez permanecer, por voluntad propia, en el más riguroso anonimato?

¿Estar enamorado te complementa o te anula? Dicho de otra forma, ¿crees que admirar o idealizar a alguien conlleva menospreciarse a uno mismo?

¿Es posible que un amor ideal y de juventud persista en el tiempo imposibilitando cualquier otro?

¿Es necesario explicar la verdad cuando esta ya no conlleva a nada?

Cuando alguien acumula un dolor indecible, ¿es inevitable causarlo a los demás? Es decir, ¿es consciente la protagonista de la novela del dolor y sufrimiento que puede causar esa carta?

¿Seríamos capaces de usar nuestra propia muerte como venganza?

Si de alguna manera estas preguntas las consideras interesantes, más razón todavía para invitarte a leer esta *Carta de una desconocida* que no te dejará respirar ni un solo instante. Igualmente, las preguntas sobrepasan la novela y podría uno hacérselas en cualquier momento de su vida. En definitiva, nadie es ajeno al amor.

## Una ficción muy real

Zweig fue intelectual pionero en creer en el europeísmo frente a los nacionalismos. De su prolífica correspondencia extraemos este fragmento tan significativo: «No hay nada que odie más que la egolatría de los pueblos y su rechazo a reconocer la variedad de las formas de pueblos y de tipos de seres humanos».

Vivió y sufrió las dos grandes guerras. En 1936 se prohibieron sus libros tanto en la Alemania de Hitler como en la Italia de Mussolini. Y ante la seria amenaza de las dictaduras fascistas se refugió en varios países hasta acabar en Brasil. *El mundo de ayer*, su libro más autobiográfico, fue lo último que escribió, pues tras enviar el manuscrito para que fuera publicado póstumamente se suicidó junto a su esposa, creyendo que el fascismo se extendería por todo el mundo. Como la protagonista de su novela, cuando pensó que todo estaba perdido, se quitó la vida. No tenía ningún motivo para seguir viviendo. Europa era la metáfora de ese hijo muerto que tuvo la mujer desconocida de la carta que nos da a leer el propio Zweig.

La nota de suicidio es un alegato de alguien que en plena Segunda Guerra Mundial no ve ningún futuro en su continente ni en el resto del planeta. La titula «Declaraçao» palabra que escribe en portugués para seguir en alemán, su lengua materna. Esta es la traducción al español:

*Por mi propia voluntad y en plena lucidez*

*Cada día he aprendido a amar más este país, y no habría reconstruido mi vida en ningún otro lugar después de que el mundo de mi propia lengua se hundiese y se perdiese para mí, y mi patria espiritual, Europa, se destruyese a sí misma.*

*Pero comenzar todo de nuevo cuando uno ha cumplido sesenta años requiere fuerzas especiales, y mi propia fuerza se ha gastado al cabo de años de andanzas sin hogar. Prefiero, pues, poner fin a mi vida en el momento apropiado, erguido, como un hombre cuyo trabajo cultural siempre ha sido su felicidad más pura y su libertad personal, su más preciada posesión en esta tierra.*

*Mando saludos a todos mis amigos. Ojalá vivan para ver el amanecer tras esta larga noche. Yo, que soy muy impaciente, me voy antes que ellos.*

Stefan Zweig, Petrópolis, 22/2/1942

## Zweig, un clásico que resuena

En primer lugar, toda obra que porte la etiqueta de clásico nunca se lee una sola vez. Lo hemos dicho en este libro en más de una ocasión. Siempre se las relee. Continuamente. Además, cualquier clásico posee lo que se llama «puntos ciegos», es decir, elementos de la trama o de los personajes inconclusos, incógnitas que quedan por aclarar y que generan en el lector diferentes interpretaciones. En esta novela, la mujer que escribe la carta, ¿ha sido presa de una obsesión enfermiza o es únicamente una apasionada? ¿Conlleva obsesión la pasión? ¿El hecho de perderlo todo hace que pierda el juicio o es cuando más cuerda se halla para escribir? El lector debe decidir.

Finalmente, hay un rasgo que poseen unas pocas novelas, relacionado con lo que decíamos al principio del punto ciego. Yo las llamo novelas con «eco». El final de la novela da pie a seguir un camino sin transitar, que nos conducirá a una enorme pared donde las preguntas sin respuesta rebotarán en el espacio en forma de eco hasta perderse en el silencio. La novela posee este rasgo sin ningún tipo de duda: ¿qué ocurre con el hombre que ha leído esa carta y recuerda vagamente a esa mujer? ¿Cuántas noches deambulará su pensamiento por esa vida de la que no supo prácticamente nada? ¿Se sentirá culpable? ¿Cambiará su vida a partir de ese momento? ¿Buscará alguna pista sobre ella? ¿Logrará olvidarla después del acontecimiento que él mismo supuso en la vida de esa persona?

Eco, eco, eco...

◆

También cabe destacar que se trata de un libro que traspasa los límites establecidos. Y es que lo interesante de la literatura es la gran capacidad que posee para reflejar la vida que habita en nuestra imaginación. Ese es el único terreno donde puede reinar. Un lugar que no entiende de límites ni de prohibiciones. Por ese motivo, muchas veces la lectura de una obra literaria puede causar controversia, polémica y hasta rechazo. Así pues, ¿quién no ha imaginado experimentar un amor gigante y extraño que nos arrastra y anula nuestra voluntad y control? ¿Es eso positivo o negativo? Su lectura aporta una reflexión del todo inevitable: ¿el amor existe en igualdad de condiciones? ¿O en cambio la ostentación del poder conduce al enamoramiento? ¿Es culpable quien representa ese poder? ¿Es víctima quien se rinde ante él?

La novela que aquí hemos presentado lleva implícitas estas preguntas. El debate, para el lector, está servido siempre y cuando no pongamos límites ni barreras a nuestro pensamiento.

## Llegar a la cima

Marguerite Duras sostuvo que escribir era saber qué escribiríamos si escribiésemos; y solo lo sabremos después. Para descubrir la verdad en esta novela hay que esperar a que sea demasiado tarde. La famosa carta de la desconocida va dirigida a alguien, llega a su destinatario cuando este ya no puede hacer nada. Conoce la verdad cuando no hay tiempo material para reaccionar.

Después de leerla, uno sale de ella perplejo, herido y desconcertado. Suponemos que el escritor a quien va dirigida la carta se cuestionará su propia existencia, rebobinará para hallar todas las respuestas. Quizás las encuentre o quizás, como su remitente, se pase la vida tratando de encontrarlas.

Lo cierto es que el amor es siempre una pregunta que no tiene respuesta. Esa es la conclusión. La relación que se establece entre dos personas es un universo difícil de entender para los que nos quedamos relegados a un segundo plano. Para los amantes, para los que aman, el resto de los mortales actuamos como un simple decorado al que apenas se le presta atención. Este libro permite adentrarnos hasta la raíz de la servidumbre que es amar a un ser humano. Tras esta experiencia lectora, uno se cuestiona si ha amado verdaderamente, si el amor conlleva ese calvario, si enamorarse es atravesar un túnel salvaje repleto de sufrimiento. Si el éxtasis se paga con el dolor de una vida, si un instante sublime se salda a precio de muerte. Todos estos interrogantes quedan en el aire, se convierten en ruido de fondo, en un cantar de grillos en plena noche de verano cuando uno trata de conciliar el sueño y no deja de preguntarse: ¿habré estado yo enamorado alguna vez? ¿Sentiré acaso algo parecido? ¿Me permitiré llegar hasta ese extremo? ¿Abandonarse así es alcanzar la cima?

## CARTA A UNA DESCONOCIDA

*Estimada:*

*Tal vez lo soñé, pero recuerdo que llevábamos apenas un año manteniendo una estrecha amistad; creo que era la única persona a quien revelaste tu secreto y nunca pude hacer nada para que rompieras ese silencio que con el paso del tiempo se convirtió en un muro imposible de derribar. Me pregunto si en algún momento llegué a conocerte o tú dejaste que te conociera. Por qué nunca quisiste que él supiera nada de ti lo desconozco por completo, aunque tengo mi teoría al respecto. En cambio, no había instante en que no pensaras en él. Eso me decías y yo te recriminaba esa enfermiza discreción tuya para con él. Desde mi punto de vista, no era la prudencia lo que te mantenía alejada de él. Eso era una excusa que te compraban los demás. ¿Alguna vez pensaste que él tenía derecho a saberlo y que quizás le hubiera gustado que así fuera? El miedo a no estar a su altura o a que no sintiera lo mismo por ti fue el verdadero motivo por el que nunca te acercaste a él. Eso no lo habrías soportado. Sé que esa fue la razón. Por otro lado, lo tenías completamente idealizado. ¿Te dabas cuenta de que, cuanto más lejos te hallabas de él, más crecía el amor que sentías? Así es muy fácil amar. Así ama cualquiera, puesto que no necesitas a nadie más que a ti misma. Eso no era amor. El amor supone el descubrimiento verdadero del otro. Y en tu caso no lo llegaste a conocer por miedo a que te defraudara. Rechazarlo a él era, en realidad, rechazarte a ti misma. A la única petición que accediste fue a escribirle una carta. Me hiciste prometerte que yo mismo se la haría llegar cuando ya no estuvieras en este mundo.*

*Así lo haré. Seré yo quien se encargue de llevarle la carta de una desconocida si ese es tu deseo.*

*Con admiración,*
*Un lector agradecido*

# Capítulo 4

Somos nuestros propios enemigos. Raramente coincidirás tú y tú mismo. A veces ocurre. Se trata de llegar a un pacto con la vida sin que ninguno sufra más de la cuenta.

# REBELDE CON CAUSA

## J. D. Salinger

### Un adolescente atemporal

«Somos la rabia que nos han obligado a sentir», dice la letra de una canción de un grupo *indie*. Esas bandas se definen como alternativas. Nadan a contracorriente. Desobedecen a la industria musical y a las leyes que la rigen. Se desmarcan de todo lo que tenga que ver con la palabra «comercial». Su música no puede estar de moda porque es diferente. Pura rebeldía contra lo establecido. ¿Una pose? ¿Rencor por no alcanzar el éxito de los grupos que llenan estadios?

Los adolescentes poseen ese espíritu rebelde y quienes son así llevan consigo a sus espaldas una mochila de indignación y cabreo considerables. Ándate con cuidado porque a la mínima muerden al primero que se le ponga por delante, generalmente, a un adulto sensato que intente hacerles entrar en razón. No es fácil ser adolescente y encajar. No es fácil asumir cada dos por tres un correctivo. No es fácil encontrar tu sitio en medio de la tormenta que es tener dieciséis años. Y no hay grises. Estás conmigo o contra mí. Y como estés contra mí, prepárate porque soy duro de pelar y te voy a hacer la vida imposible, aunque me cueste la mía. ¿Una pose? ¿Rencor por querer tener la libertad y la independencia del adulto?

La novela de este capítulo retrata a la perfección ese momento de la vida donde los principios y los sueños de uno chocan con la realidad más cruel y despiadada. Una etapa en la que, si te entiendes a ti, no puedes comprender el mundo y, si quieres entender el mundo, debes dejar de ser el que eras hasta entonces. El protagonista de esta historia no piensa traicionarse y está dispuesto a echarle el pulso a la vida cueste lo que cueste. Los tiene bien puestos y va en busca de esa libertad e independencia. Ha vivido poco, pero ya tiene una coraza difícil de atravesar. Un indomable dispuesto a llegar hasta el final. Ahora te toca a ti, lector: ¿estás con él o contra él?

Hablemos un poco de Salinger. Se sabe que fue un tipo raro con una vida digna de ser contada. Como dato curioso, solo diré que se enamoró de la hija de un premio Nobel de Literatura y que esta lo dejó por, nada más y nada menos, que Charles Chaplin. Más fortuna tuvo con su primer libro, del que ha vendido más de sesenta millones de copias. Si bien tras esa inesperada popularidad, se recluyó en una cabaña en un pequeño pueblo de Estados Unidos. Desde entonces no concedió ninguna entrevista ni existen fotos suyas. Pues este breve y extraño resumen es lo que más llamó mi atención cuando hojeé su biografía y lo que me llevó directamente a leer *El guardián entre el centeno*, publicado en 1951. Tuve la sensación de que llegaba demasiado tarde a ese clásico; veinte añitos, tenía por aquel entonces.

Aunque aquí lo importante es la defensa total y absoluta que voy a hacer, a continuación, de uno de los libros más criticados de la historia de la literatura. Avisado quedas, querido lector, así que vayamos por partes.

## *El guardián entre el centeno*: desmontando críticas

> Soy un paranoico al revés. Siempre sospecho que la gente está planeando algo para hacerme feliz.
>
> J. D. Salinger

Dicen las críticas que en el libro no ocurre nada en especial. Es cierto, no ocurre nada salvo lo que pueda planear un adolescente rebelde de dieciséis años que vaga por Nueva York unos días. O sea, cualquier locura. Cuando lo conocemos, cursa estudios en Percey, un instituto privado de élite en Pensilvania. Faltan pocos días para que den comienzo las vacaciones de Navidad. Venía ya expulsado de un colegio y van a volver a echarlo. Tras el parón navideño, le comunican que no lo van a readmitir. Y, claro, no está dispuesto a esperar allí donde no es bienvenido. Se escapa. Lo verdaderamente destacable de la novela, además de sus andanzas por la ciudad, es cómo interpreta él el mundo cuando ya no forma parte de ningún lugar ni de ninguna institución. Es un forastero. Su marcada personalidad, la mirada crítica de un apátrida inadaptado aflora para revelarnos su visión de la realidad que da para más de una reflexión especialmente interesante. Va a vivir unos días al margen y el precio por habitar ese no lugar es altísimo. ¿Crees, querido lector, que un marginado, un rebelde puede ser feliz? ¿Por qué alguien que es diferente lo paga con su felicidad? Holden Caulfield, así se llama nuestro protagonista, no cuenta con nada ni con nadie. Miento. Se tiene a él. Pensar por uno mismo le va a costar caro, pero eso no se negocia. El propio Holden pone el ejemplo de su hermano, a quien consideraba un buen escritor hasta que vendió a Hollywood su talento para escribir guiones de cine. En cambio, él jamás haría algo así. Prefiere un frío y solitario banco de Central Park en invierno al calor de las palmeras californianas. En Hollywood puede que esté el glamur, el dinero y la fama, si bien Holden se queda en Nueva York. Él no se vende por tan poco.

Otra de las críticas a este libro es que es solo para adolescentes. Por supuesto, estoy absolutamente en contra de esta afirmación. ¿O qué pasa, que un adulto no puede verse reflejado en los sueños, errores, dudas e inseguridades de un muchacho en plena pubertad? ¿Acaso ya lo sabe todo y vive en una burbuja ajeno a ese mundo adolescente? No debería ser así.

La crítica también considera a Holden Caulfield un personaje poco verosímil. Todo le parece mal, todo le parece falso. Lo cierto es que detrás de sus denuncias hay un pensamiento coherente. Sus acusaciones tienen un porqué y eso, precisamente, las hace creíbles. Al principio del libro, en una conversación entre él y el profesor Spencer, el único profesor que le cae bien, al que respeta y visita para despedirse pues ya no volverá al instituto dado que, como hemos dicho, ha sido expulsado, este le cuenta que conoció a sus padres y le parecieron «encantadores». A Holden le revienta esa palabra. Le dan ganas de vomitar cada vez que la oye. Y tiene razón. Los adultos, y aquí me incluyo, tendemos a exagerar en el aprecio. Halagamos en exceso a nuestros superiores, a cualquiera si eso va a suponer un beneficio para nosotros. Podría hacer una larga lista de todas las cosas que nuestro protagonista encuentra falsas y odiosas y estaría de acuerdo con casi todo. Por poner un ejemplo, en una conversación que mantienen Holden y Sally, una chica guapísima con la que tiene algún escarceo amoroso, Caulfield le pregunta a la chica si se ha hartado alguna vez de todo porque él sí:

> Odio vivir en Nueva York, odio los taxis y los autobuses con esos conductores que siempre te están gritando que te bajes por la puerta de atrás y los coches. La mayoría de la gente se vuelve loca por los coches. Se preocupan si les hacen un arañazo, y siempre están hablando de cuántos kilómetros hacen por litro de gasolina, y no han acabado de comprarse uno y ya están pensando en cambiarlo por otro más nuevo. Preferiría tener un caballo. Al menos un caballo es más humano.

¿Parece este el razonamiento de un crío que no sabe nada de la vida y que debe aprender a seguir una serie de normas que lo conviertan en un modélico ciudadano, en una persona sensata, en un padre de familia? Holden ha demostrado ser adulto y sensible, pero hay más. ¿No cree el lector que cuando un adolescente se queja tanto, cuando un chico o chica de catorce, quince, dieciséis años no para de quejarse como lo hace Holden es porque, en realidad, está pidiendo ayuda? En la novela, ningún adulto se la brinda.

Además, algunos críticos han etiquetado este libro de maldito. Nada más lejos de la realidad. El problema radica en el número de personas que lo han leído. En Estados Unidos marcó a toda una generación. Cualquier fenómeno de estas características produce a su alrededor leyendas y rumores, lecturas falsas y alejadas del texto que quedan en la memoria colectiva y se extienden como un virus mortal. Algunos indeseables, en consecuencia, creen que en nombre de Holden Caulfield pueden cometer las peores fechorías. Han creído ver en su figura a alguien absolutamente alienado de la sociedad y deshumanizado por culpa de esta. La cosa es que el problema no es del libro. Holden no es así. Él observa a una masa de gente egoísta, celosa de sus intereses por encima de los de los demás y profundamente falsa que guarda las apariencias, te sonríe cuando por detrás te apuñala y te destroza sin piedad. Sin embargo, Holden es la persona más honesta y humana que he conocido. Es todo lo contrario a un psicópata. Que no comulgue con la sociedad en la que vive no significa que sea o pueda ser un asesino. Sabe que es invisible a ojos de la mayoría, pero eso tampoco lo convierte en un alienado. Es un chico espabilado, honesto, inteligente, alguien con un sentido de la justicia muy acusado. Una persona sincera que no se anda con dobleces. Qué gran tipo, joder.

En esta misma línea, se critica a Holden por ser un maleducado y un malhablado. Lo cual es verdad. Ya en el primer capítulo del libro reconoce que tiene un vocabulario pobrísimo y que repite muchas veces *jo* de manera despectiva, además de llamar *hijo de puta* y *maricón* a cualquiera que se cruce en su camino. En su defensa diré que forma parte de esa honestidad a la que nos hemos referido. El problema surge cuando en nuestra sociedad actual triunfa una corriente revisionista y censuradora que pretende reescribir esas novelas que «ofenden» al lector. Lo cierto es que la ultracorrección es un modo refinado de equivocarse. No sé qué pensarás tú, mi querido lector, pero yo sospecharía de alguien que es sumamente correcto las veinticuatro horas del día. Este aspecto debería hacernos reflexionar sobre la sociedad en la que vivimos. Que existan obras como esta que nos ocupa donde haya palabras homófobas no significa que el autor y la obra puedan ser tachadas de homofobia. Una cosa es que una novela vista desde el presente nos pueda chocar, porque, si de algo sirve evolucionar, es para darnos cuenta de lo errores cometidos, y otra muy diferente, querer cambiar el pasado.

Holden será un maleducado y un malhablado, si bien su espíritu es el de proteger, en especial a los niños, quizás porque quiere ofrecerles lo que él nunca tuvo. Por eso Holden es un guardián. Lo explica él mismo en la novela: «Muchas veces me imagino que hay un montón de niños jugando en un campo de centeno. Miles de niños. Y están solos, quiero decir que no hay nadie mayor vigilándolos. Solo yo. Estoy al borde de un precipicio y mi trabajo consiste en evitar que los niños caigan a él. En cuanto empiezan a correr sin mirar adónde van, yo salgo de donde esté y los cojo. Eso es lo que me gustaría hacer todo el tiempo. Vigilarlos. Yo sería el guardián entre el centeno. Te parecerá una tontería, pero es lo único que de verdad me gustaría hacer».

Para mí, los rebeldes son los mejores guardianes. Igual que los malos estudiantes serán profesores excelentes. Porque saben dónde se halla la necesidad. Solo quienes conocieron el peligro como Holden saben dónde se halla la salvación. Y añadiría: sobre todo para salvar a los demás.

## Salinger, un retratista del tiempo

Azorín decía que un clásico no es un libro definido por su tiempo, sino un libro que define a su tiempo. La diferencia es considerable. *El guardián entre el centeno* responde perfectamente a esa afirmación. Todas las obras ocurren en una época determinada, aunque pocas son las que determinan esa época. No es lo mismo. Parece un juego de palabras, aunque no lo es. En el caso de que sea el tiempo el que defina al libro, significa que es la época la que lo hace posible, la responsable de que se entienda en todos sus matices y detalles. El problema está en que el tiempo es cambiante y lo que hace un instante era de rabiosa actualidad hoy ha dejado de serlo. Con este tipo de novelas ocurre como con los periódicos: a nadie le interesa leerse el de ayer o, mejor dicho, el de ayer ha perdido ya todo interés. Cualquier texto de un diario tiene una vida muy corta delimitada por el tiempo presente. Fuera de ese periodo que es el hoy, lo que se lee es casi irrelevante y caduco. Constantemente se generan nuevas noticias que hacen olvidar a las demás. Ese es el inconveniente que tiene depender del tiempo. Por otro lado, en el caso de que sea el libro el que defina al tiempo ocurre todo lo contrario, pues el autor ha sabido quedarse con aquello que es esencial, que tiene un porqué en sí mismo, un valor independiente de cuándo ha sucedido y, por lo tanto, el tiempo no lo puede destruir.

Es lo que consiguen los autores clásicos como J. D. Salinger: que su obra sea la propia representación de la época. Al lograr ese imposible, al alcance de muy pocos, el tiempo queda retenido. Como si de una fotografía se tratara. Al mirarla no solo vemos esa imagen congelada, sino que, además, podemos evocar el pasado, recrear la vida que una vez fue y a través de ella volver a ser quienes fuimos nosotros mismos. Por ese motivo, novelas como esta han tenido y tienen tantos lectores. Porque el momento no es un mero contexto, más bien todo lo contrario: es el protagonista. Leer este libro de Salinger es viajar a través del túnel del tiempo. Cerrar el libro es regresar al futuro.

## Vivir deprisa

Fue John Lennon quien dijo que la vida es eso que pasa mientras estás ocupado haciendo otros planes. Holden Caulfield nunca tiene planes pendientes, no se pasa la vida pensando en lo que hará. Lo hace y punto. Ocurre cuando, hablando con su novia Sally, con la que Holden dice que ya se odian cordialmente, le propone escaparse a Massachusetts y Vermont con el coche prestado de un amigo y los ochenta dólares de los que dispone. Sally se niega. Son todavía unos críos. Ya tendrán tiempo de viajar cuando acaben la universidad, le contesta. Planes y más planes. Holden se cabrea, como no podía ser de otro modo. Sabe que la vida pasa volando y no está dispuesto a perdérsela. Esta es una de las muchas lecciones que nos da la novela de Salinger. Holden actúa sin pensarse las cosas dos veces. Podríamos tachar a nuestro protagonista de imprudente y alocado, aunque, si lo pensamos bien, la mayoría de las veces, al mirar atrás, nos arrepentimos de lo que pudimos hacer y no hicimos.

Dicen que tenemos dos vidas y que la segunda empieza cuando somos conscientes de que solo tenemos una. Holden vive deprisa. Desde siempre ha sabido que solo tiene una vida y no quiere desaprovecharla. Esta novela nos aporta esa dosis de precipitación necesaria para que en el futuro el pasado no duela. Holden no vive, se arroja a la vida. Asimismo, no piensa lo que dice porque siempre dice lo que piensa. Otra lección importante que nos da la obra. Es lo opuesto a un bienqueda. Eso le acarreará más de un conflicto y, como él no es de esquivarlos, plantará cara. En un caso similar, muchos de nosotros, con tal de no discutir, nos callamos lo que pensamos o incluso damos la razón a quien creemos que no la tiene. Qué hipócritas somos en realidad. Holden se emborrachará, fumará, soltará sapos y culebras por la boca, pero no es un hipócrita. Si acaso, todo un ejemplo. Sí sí, estás leyendo bien, no me he equivocado al escribir. Holden es un ejemplo y nos aporta su coherencia. Lector, cuando leas la obra, te darás cuenta. No tengo ninguna duda. El libro contiene innumerables reflexiones a través del pensamiento y la crítica de este joven atrevido que pueden enseñarnos mucho. Una de las más importantes sucede en el capítulo segundo cuando, tanto el director del instituto del que ha sido expulsado como el profesor Spencer, le dicen que la vida es una partida y hay que vivirla de acuerdo con las reglas del juego. «Lo sé, lo sé», responde él, pero evidentemente cree que, de partida, nada. Y lo argumenta. Según él, si las reglas de juego son tan injustas que unos no tienen ni la más mínima posibilidad de ganar, poca partida es esa. Y del otro lado ocurre algo parecido: si las reglas solo favorecen a unos cuantos privilegiados, tampoco hay partida. Holden brilla con luz propia cuando desmonta esa frase que se ha tenido que oír en dos ocasiones. Efectivamente, la vida es así de injusta. Él considera que por el mero hecho de ser adolescente está en el lado perdedor y ahí se equivoca. Todavía no es consciente de que está en el otro lado, en el de los ganadores. Tema aparte es la capacidad del ser humano, y en especial del adolescente, de querer complicarse la vida. Sin obstáculos esta sería muy aburrida.

## Asesinando la adolescencia

Cualquier adolescente, aunque siempre hay excepciones, tiene prisa por hacerse mayor. Y el tiempo para él parece haberse detenido. A cualquier adulto, llegada cierta edad, le pasan los años por delante como si fueran meses, qué digo, días. No obstante, el tiempo es el mismo. ¿Lo es? Lo cierto es que nunca llueve a gusto de todos. Unos tienen la vista puesta en el futuro y los otros, en su pasado. Unos están para cambiar el mundo y otros para asumir que el mundo los ha cambiado a ellos. Ahí está la diferencia.

Desde que leí esta novela de Salinger pienso a menudo en qué tipo de adulto hubiera sido Holden. Cabría imaginar que los años no acabarían con su rebeldía y su forma de pensar. Cabría suponer que el sistema al que se enfrentaría en un tiempo no muy lejano no engulliría al Holden crítico y despiadado. No lo imagino leyéndole la cartilla a un adolescente. Alguien como él, que da tanta guerra, que por encima de todo es un inconformista, una persona valiente, con principios, impulsivo y arriesgado, ¿en qué momento da la batalla por perdida? ¿En qué instante exacto se vuelve conformista? ¿Cuándo comienza a traicionarse? ¿Cuándo la osadía se convierte en miedo? ¿Qué se consigue cuando alguien cree que tiene mucho que perder? Y lo más importante: por qué. ¿Por qué uno se acomoda? Ese es el principio del final. Holden, de familia privilegiada, tiene todos los números para pasarse al otro lado. Pero nadie debería matar al Holden Caulfield que todos hemos sido una vez. Que sea la muerte la que cargue con esa culpa, que para eso está. Esa es la conclusión.

## CARTA A HOLDEN CAULFIELD

*Querido Holden,*

*Tal vez lo soñé, pero recuerdo que estaba sentado en un banco echando las últimas caladas a un cigarrillo, te acercaste y me preguntaste si te podía dar uno. En ese primer vistazo no caí en que fueras tú, aunque mientras te encendías el pitillo con mi mechero y te tuve delante te reconocí enseguida. No había duda, eras tú. Te acompañaba una chica y os sentasteis en el banco de al lado. Estuve disimulando el rato que os quedasteis allí, pero tenía el oído puesto en vuestra conversación. En un momento dado, subiste el tono de voz. Escuché un «por ahí no paso, me niego». El caso es que no sé a quién, pero te negabas a pedirle perdón. La chica que te acompañaba, Sally, supongo, insistía y tú, con desprecio, le dijiste que se fuera a la mierda, que jamás ibas a perdonar tampoco sé bien el qué. Lo que sí escuché perfectamente fueron tus argumentos. Si alguien te la jugaba, le ponías la cruz y no querías volver a saber nunca nada más. Deduje que eras de esas personas que no dan segundas oportunidades a nadie. Como te conozco, no me sorprendió tu actitud. Yo también era así a tu edad. El problema que tardarás en descubrir es que cualquiera se puede equivocar, meter la gamba hasta el fondo y, aun así, no merecería que le dieras con la puerta en las narices. ¿Acaso tú eres perfecto? Yo era igual o más radical que tú, me tomaba las cosas muy a pecho. Me di cuenta demasiado tarde de que ese no era el camino. Para entonces me había quedado solo. Había echado a patadas de mi vida a todo aquel que me llevara la contraria, que no viera la vida como la veía yo. «Imbécil —pensaba— , no vales nada», e igual el que no valía nada era yo. La soledad es muy jodida, aunque posiblemente a ti te dé igual sufrirla. Quizás hasta te gusta y estoy aquí perdiendo el tiempo con estos pensamientos, qué sé yo. De todas formas, me hubiera gustado decirte todo esto aquella tarde cuando me pediste el cigarrillo en el parque que está al lado de mi casa. No sé en qué instante me distraería, pero cuando volví la vista hacia donde os encontrabais, el banco estaba vacío. No sé cómo acabó vuestra discusión, ni siquiera sé si acabó. Te escribo estas líneas por no poder haber hablado contigo cuando tuve la oportunidad. Ojalá vuelva a encontrarte. Desde entonces, siempre llevo una cajetilla de tabaco en el bolsillo. Por si las moscas.*

*Espero que estés bien.*

*Con admiración,*
*Un lector agradecido*

# Capítulo 5

Defiende tu soledad y tu rareza.
Leer a Kafka te puede servir de ejemplo.

# Y DE REPENTE TODO TU MUNDO, PATAS ARRIBA

Franz Kafka

## La soledad como refugio

Tener alas no significa querer volar. Hay pájaros que, por raro que parezca, solo desean vivir en una jaula. Es el único lugar donde se sienten libres. Asociar la libertad con el hecho de estar encerrado puede resultar paradójico, pero no lo es. En realidad, cualquiera en algún momento de su vida ha buscado ese lugar, ha decidido deshacerse de toda compañía, de todo compromiso porque sentía la necesidad de estar consigo mismo en absoluta soledad, y en esas condiciones es donde ha experimentado la mayor de las libertades. De la misma manera que los médicos nos recomiendan dormir ocho horas porque el descanso es necesario para tener una vida saludable o del mismo modo que somos conscientes de que debemos cuidar nuestra alimentación y hacer deporte para sentirnos mejor, deberíamos contar a diario con una pausa de soledad donde nadie pudiera estorbarnos. Estar solo debería ser incluido en la lista de hábitos saludables con poderes curativos. Sin embargo, en la mayoría de los casos, el trabajo nos lo impide, la familia lo dificulta y la tecnología ha llegado para quitarnos esa idea de la cabeza: su objetivo es no dejarnos en paz, su propósito es bombardearnos con todo tipo de distracciones. Todo vale con tal de no estar solos, hay que vivir conectados a las redes, siempre en línea con tal de no pensar. Lo cierto es que es un lujo disponer de un sitio donde nada ni nadie pueda molestarnos, donde nada ni nadie nos interrumpa. Ese es el lugar soñado por un escritor y ese es el espacio que busca el lector. Deberíamos habituarnos a la soledad, puesto que tarde o temprano la vida nos obligará a permanecer en esa habitación propia donde la única compañía que tendremos serán nuestros pensamientos cercados por el más absoluto silencio. Y será una suerte que así sea porque en ese tiempo y en ese sitio es donde se toman las verdaderas decisiones, las que cambian el sentido de una vida, donde uno crece y se desarrolla en el ámbito personal, donde uno se conoce y se curte, donde uno se prepara, al fin y al cabo, para las tormentas y marejadas en las que todo ser humano tendrá que batallar. ¿Cuentas tú con él?

En este aspecto, Franz Kafka, uno de los mejores escritores, por no decir el mejor, fue alguien que necesitaba estar aislado, alguien que nació para vivir y escribir en soledad y lo expresó en estos términos tan extremos: «Para poder escribir, tengo necesidad de aislamiento; pero no "como un ermitaño", cosa que no sería suficiente sino como un muerto. El escribir es, en este sentido, un sueño más profundo, o sea la muerte; y así como a un muerto no se le podrá sacar de su tumba, a mí tampoco podrán arrancarme de mi escritorio por la noche». Su novela más conocida, calificada como el clásico por excelencia del siglo XX, de la que hablaremos en este capítulo, *La metamorfosis*, logra que nos pongamos en la piel de alguien que se considera a sí mismo como un bicho raro. Y es que nadie está exento de sentirse un extraño ante los demás. Es más, me atrevería a decir que no existe una sola persona que no se haya sentido así, al menos, una vez en la vida, por ejemplo, en la adolescencia. Es una etapa en la que te podías sentir incomprendido por tu propia familia, por tus compañeros de clase o por tu grupo de amigos. Desde luego, aquí Kafka lleva esa incomprensión mucho más lejos, pero el mensaje y el sentimiento que quiere transmitir es el mismo: estás aislado de todo y de todos. Solo alguien que ha vivido algo así es capaz de ponerlo en palabras, por eso, detrás del personaje (de nombre Gregor Samsa) está el mismísimo Kafka. Así pues, seremos testigos de cómo el protagonista se hace cargo de su rareza incompatible con la vida, de cómo el mundo, en este caso, su familia, no logra asumir ese hecho absolutamente insólito, y cómo resuelve lo que acaba convirtiéndose en un grave conflicto. En definitiva, una novela apasionante, radical donde las haya. Sobre todo, porque hay una verdad que prevalece por encima de todo: el que es diferente acarrea siempre con el peso de la diferencia. Sale tan caro ser distinto...

## Un primer acercamiento a Kafka

Fue en la Facultad de Filología cuando oí hablar por primera vez de Kafka y «su metamorfosis». Lo primero que entendí en esa clase[1] fue que la lengua alemana posee la palabra *metamorphose* («metamorfosis»), de origen grie-

1. Jordi Llovet fue mi profesor de Literatura y hoy es amigo y mentor. Gracias a las lecciones que impartía en la facultad aprendí Literatura en mayúsculas.

go, para nombrar aquellos cambios que tienen que ver más con lo fantástico o lo sobrenatural. Mientras que *Verwandlung* significa «transformación sin ningún tipo de matiz sobrehumano». Por tanto, *Die Verwandlung*, título original de la obra que nos ocupa, se debería traducir rigurosamente como *La transformación,* dado que en la novela no hay nada de fantástico ni sobrenatural, aunque lo pueda parecer. Tampoco te extrañará, lector, después de unos cuantos capítulos juntos, que apenas salí de clase fuera a comprar el libro, pero, para mi sorpresa, no lo encontré bajo el título que había indicado el profesor. Las editoriales siguen publicando el libro como *La metamorfosis*. Por lo visto, llama más la atención de los lectores, es más atrayente y misterioso pese a que no sea la traducción más adecuada. Un pequeño detalle a tener en cuenta.

## *La transformación (La metamorfosis)*: la aplastante realidad

> Hay ocasiones en que estoy convencido de que no soy apto para ninguna relación humana.
>
> Franz Kafka

Sin duda alguna, *La transformación* es una novela realista. Gregor Samsa se despierta una mañana convertido en un insecto consciente de ser exactamente eso: una especie de escarabajo repugnante cuya familia no va a saber asimilar ese espantoso cambio.

La sociedad actual, lo predijo Kafka, nos puede hacer sentir tan vacíos y desgraciados; tan insignificantes e incomprendidos como para arrebatarnos el sentido de nuestra existencia. Hay siempre una última gota que colma el vaso de nuestra cordura y una mañana nos despertamos y ya no somos lo que creíamos ser. Lo mismo que le ocurre a nuestro protagonista. Gregor Samsa ya no es quien creía ser, pero a la vida le es indiferente cómo nos despertemos y nada le importa que nos hayamos transformado o no. Hay que rendir cuentas con la realidad. Punto. A partir de aquí, el relato toma un cariz tan angustioso como expectante. ¿Saldrá de la habitación para sorpresa de su familia? Además, hay otros ingredientes que contribuyen a añadir más tensión al relato, aunque no seré yo quien te prive de vivir ese dolor placentero. Como decía, es todo tan realista que para un insecto el mero hecho de abrir una puerta es casi imposible, por no hablar de cómo lograr incorporarse de la cama. Kafka describe estas acciones cotidianas de tal modo que puedes imaginarte a la perfección cómo sufre y se desespera Gregor Samsa desde que abrió los ojos esa mañana.

Así pues, la historia gira en torno a la reacción de la familia ante esa tremenda realidad que es asumir que un hijo, o un hermano, se ha convertido en un asqueroso insecto y no les queda otra más que comenzar a aceptarlo. El rechazo es evidente, pero es interesante leer hasta el final y observar cómo se desarrollan unas vidas afectadas por esa transformación. Él, que aportaba tanto económicamente a su familia, se ha convertido en un inútil incapaz. Han de buscar soluciones para todos los problemas que surgirán. A partir de ese momento, la narración se convierte en una historia doméstica. ¿Cómo serán las relaciones entre Gregor y su familia? ¿Qué hacer con ese bicho y cómo tratarlo? ¿Seguir considerándolo hijo y hermano? ¿Cuidarlo? ¿Desentenderse? ¿Quién se sentía más culpable, Gregor o la familia? ¿Cree el protagonista que ha defraudado a sus padres? ¿Debe sacrificarse o deben sacrificarlo? El amor, el odio, la solidaridad, la compasión y la indiferencia asoman en esta historia que no deja espacio para el respiro y la angustia está presente en cada una de las páginas. De verdad te lo digo, no te la puedes perder.

## La identificación con Samsa (o Kafka)

Uno de los temas más importantes en esta obra es el de la familia y las relaciones entre los miembros que la forman. Al fin y al cabo, los padres o la ausencia de estos van a influir en la persona que seremos. La educación que nos inculquen, el amor que nos profesen o del que nos priven va a marcar nuestra personalidad en el futuro. Por ello, tener la autoestima baja o no confiar en uno mismo es, en muchas ocasiones, síntoma inequívoco de haber sufrido ciertas carencias durante el desarrollo físico, psicológico y emocional en las primeras etapas de la vida. De ahí que no pocas personas se sientan identificadas con Gregor Samsa y, por ende, con el propio Kafka, pues este, en concreto, tuvo una relación muy complicada con su padre. Y es que nunca se entendieron. Las relaciones paternofiliales moldean no solo tu forma de ser, sino que también inciden en tus acciones. La soledad, la incomprensión por parte de la familia o el ser diferente en esta sociedad en la que vivimos son temas que, por desgracia, siempre estarán vigentes y serán representativos para mucha gente que, en algún momento, se ha sentido igual o más marginada que nuestro (ahora) pequeño e invertebrado amigo.

En resumidas cuentas, todos estos factores, es decir, la falta de amor paterno, la culpabilidad y la escritura como lugar donde sentirse protegido, hicieron que el escritor se considerara a él mismo un bicho raro y escribiera en 1912 el relato que nos ocupa. La obra nos aporta esa visión despreciable que tiene el personaje de sí mismo marcada por el entorno familiar. El lector debe revisar la suya y analizar sus relaciones familiares que muchas veces explican la mayoría de nuestros problemas, así como también parte de nuestros éxitos.

## Kafka, el gran clásico

Kafka fue como un reloj que se adelanta a su tiempo, un precursor, alguien que intuyó de manera precoz lo que hoy en día conocemos como modernidad. Esta sola razón ya lo convierte en un clásico. Se le puede comparar con un profeta, dado que en sus obras está reflejado el tipo de sociedad que empezaba a vislumbrarse en esos primeros años del siglo XX. Un modelo de sociedad donde la libre voluntad del individuo prácticamente no existe, donde los ciudadanos nos convertimos en figuritas manipulables y manejadas por el poder de turno. Un mundo burocratizado donde el ciudadano de a pie se pierde hasta llegar a desentenderse de la realidad puesto que es una realidad absurda que se escapa de nuestra capacidad de entendimiento (solo hay que pensar en las dos grandes guerras que asolaron Europa en la primera mitad del siglo). De hecho, el adjetivo *kafkiano*, recogido en la RAE como palabra que forma parte de nuestro vocabulario, se refiere precisamente a eso, a lo que se considera absurdo y angustioso. Y así llevamos más de cien años. Nos quieren mansos, paralizados, divididos, confusos y quietos. Habrá que despertar, digo yo.

## La metáfora del náufrago

Tras leer la obra de Kafka, incluida toda su correspondencia y sus diarios, uno llega a la conclusión de que el mundo o la realidad y el escritor checo eran totalmente incompatibles. Imagina a una persona que se está ahogando en medio del océano: le faltará la respiración, agitará los brazos, intentará escapar de un medio que le es adverso, que no es el suyo. Pugnará contra los elementos por pura supervivencia. Sufrirá lo indecible por salir de allí hasta que esos propios elementos lo venzan. Imagino la vida de Kafka como la de ese ahogado, imagino que este mundo, que para la mayoría de los seres humanos es un lugar habitable, tuvo que ser para Kafka ese mar enfurecido que devora al ahogado y lo escupe una vez muerto. Y muerto, incluso, debe seguir viviendo.

Solo si imaginamos esas condiciones de vida a las que estaba sometido, y a las que cualquiera de nosotros puede también estarlo, podremos entendernos a nosotros mismos y nuestra manera de comportarnos. Tanto es así que, si nos ponemos en esa tesitura, consideraremos como algo lógico que si el mundo que te rodea es un mundo hostil lo primero que quieras hacer es esconderte, hallar un refugio lo más alejado posible donde no pueda haber contacto alguno con nadie; encontrar un lugar donde solo exista el silencio más sepulcral para encontrarse a sí mismo. Y si ese sitio es una cárcel de la que eres preso, mucho mejor. Él mismo lo revela en uno de sus escritos: «Mi celda en la cárcel: mi fortaleza». De esa profunda inadaptación que solo busca el silencio y la soledad nace toda su literatura. En ese lugar puede «ser». Bien pensado, es lo que ocurre hoy en día con los adolescentes y no tan adolescentes, pero al revés. Ellos habitan una cárcel llena de ruido, de alarmas de mensajes donde evitar la soledad y huir de ellos mismos. Un lugar para «no ser».

Estoy convencido de que somos muchos los que podemos sentirnos identificados con Kafka que fue un ser atormentado en una lucha permanente consigo mismo, con pocas armas con las que afrontar los obstáculos de la vida dada su falta de autoestima. Ciertamente se creyó siempre un bicho raro. Miedo, inseguridad, neurosis, incomprensión convivían en su interior. Halló amparo en la escritura que lo salvó. Nuestra salvación es poder leerlo.

## CARTA A FRANZ SAMSA O GREGOR KAFKA

*Estimado:*

*Tal vez lo soñé, pero recuerdo que más de una vez te he salvado la vida. En más de una ocasión he impedido que murieras de un simple pisotazo. La mayoría, cuando te reconoce, enloquece, grita, huye y los más osados quieren matarte a sangre fría. Te tienen asco y miedo. En realidad, causas una primera impresión bastante negativa, pero uno acaba por compadecerse de ti. No debe de ser fácil vivir permanentemente en el rechazo, aunque estoy seguro de que ya estás acostumbrado. A estas alturas, no creo que te afecte lo que los demás piensen de tu existencia. Los de mi especie tendrían que aprender eso de ti. Pocos son los que no tienen en cuenta la opinión de los demás, pocos, por no decir casi ninguno, son a los que no les afecta una crítica negativa. En estos tiempos que vivimos, nuestra vida se ha convertido en un escaparate, en una galería donde exponemos nuestra intimidad a la espera de que los demás la validen, nos den su aprobación. Solo así conseguimos algo de paz y tranquilidad. Nada hay que reservemos para nosotros mismos. Todo se muestra y todo se exhibe. Espero que no te moleste lo que te voy a decir, pero, si como sociedad tenemos que aprender de las cucarachas, es que estamos peor que nunca. Esa es la realidad. No me despido de ti puesto que te veo a menudo. Vivo en la parte baja de la ciudad, donde más suciedad hay. Únicamente en esa zona es donde me puedo costear el alquiler. Un tema del que te podría hablar largo y tendido, pero no viene al caso. Problemas del capitalismo más feroz.*

*Con admiración,*
*Un lector agradecido*

# Capítulo 6

Para ser feliz solo tienes que hacer una cosa: dejar la felicidad a un lado. Bueno, y leer también ayuda.

# HAMBRE DE FELICIDAD

O'Henry

## La felicidad viaja ligera de equipaje

La felicidad existe. Por supuesto que puedes ser feliz. Me refiero a feliz para siempre. Sí, has leído bien. Feliz para siempre. Y te voy a decir cómo se consigue. Estás a punto de leer una frase que muchos empiezan, pero no saben cómo terminarla. Estoy seguro de que en más de una ocasión has leído algo parecido a «el secreto de la felicidad es o consiste en» y lo siguiente son unos puntos suspensivos. Te dejan con la miel en los labios. Tramposos. Preferirías que te mintieran con tal de evitar ese portazo en las narices. Pues bien, aquí no se hacen trampas. El secreto de la felicidad consiste en que tú no seas tu prioridad. Si, llegado un momento en la vida, te das cuenta de que los otros te importan más de lo que tú te importas a ti mismo, en ese preciso instante se producirá un cambio. Y no me refiero a un cambio en el sentido más abstracto de la palabra, sino a uno físico. ¿Que cuál va a ser? Primero, notarás el cuerpo más ligero, sentirás que levantarte de la cama apenas te cuesta trabajo, andarás liberado de una carga que ni siquiera te habías planteado que existiese. Es sencillo, la felicidad está relacionada con el factor peso. Tu vida, cuanto más vacía, más pesa. Parece un juego de palabras, pero no lo es. Porque no hay nada que te haga sentir más vacío que pensar constantemente en ti mismo. Por eso, solo alcanzarás la plenitud cuando abandones tus intereses por los de los demás. Está comprobado. Posiblemente, a estas alturas te preguntes quién soy yo para decir algo así con tanta seguridad y tanta ligereza, ¿por qué no decirlo? La cuestión es que ya me hubiera gustado a mí haber llegado a esta conclusión yo solito. Quien lo dice es ni más ni menos que O'Henry, el mejor escritor de relatos que he leído jamás. Y no es que lo diga, he utilizado un verbo incorrecto, es que nos lo demuestra poniendo en nuestras manos historias de gente que es feliz, completa y enteramente feliz cuando se entrega por entero a sus semejantes. Eso sí, que el lector no caiga en error: las narraciones de O'Henry son duras. La mayoría, dolorosas. Los personajes, vulnerables pero luchadores; el entorno, hostil pero esperanzador.

La selección de los cuentos, dos, de este genial escritor estadounidense se debe a que ambos tienen algo en común: ninguno de sus protagonistas se compadece de sí mismo por muy mal dadas que vengan, ya que sus miradas no están puestas en ellos sino mucho más lejos, mucho más allá: en los otros.

Respecto a cuándo descubrí a O'Henry, debo decir que ocurrió, como siempre, más tarde de lo que me hubiera gustado. Fue en mi último año de carrera y sucedió casi de carambola. Una profesora de la facultad, tras leer a Borges para su asignatura, me regaló *Cuentos memorables según Jorge Luis Borges,* con el subtítulo *Doce grandes relatos de la literatura universal.* Al adentrarme en sus páginas, averigüé que se trataba de una selección de relatos que el propio Borges había dado a conocer en un artículo para una revista argentina en el año 1935. Allí explicaba los motivos por los cuales los había elegido. Una editorial española tuvo a bien reunirlos y publicarlos. De entre todos ellos, mi favorito fue el de O´Henry, escritor al que yo no conocía. En mi particular investigación, descubrí que su nombre real era William Sidney Porter, aunque se lo cambió por el que hoy se le conoce. Desde luego, averigüé muchas más cosas sobre él y sobre su obra. Aquí me ocuparé de analizar dos de sus cuentos que pertenecen al libro *Historias de Nueva York,* publicado en 1906. Hablo de «La última hoja» y «Los regalos perfectos», que son, desde mi punto de vista, los mejores. Además de tener ambos algo en común, como ya mencioné antes. Sin más preámbulo, espero que lo descubras.

## *La última hoja*: la verdad de las mentiras

> Lo bello siempre es extraño.
>
> O'Henry

*La última hoja* se sitúa en un barrio neoyorquino donde viven dos pintoras, con escasos recursos, junto a su vecino, también pintor. Aquí O'Henry crea una trama perfecta para que, al finalizar la lectura, reflexionemos acerca de ciertos actos heroicos de personas totalmente anónimas sin los cuales el mundo sería un lugar mucho peor. Haciendo memoria, no creo haber leído nada que se parezca ni de lejos al demoledor mensaje que nos traslada el autor. Porque, ¿somos conscientes de cuántos seres desconocidos, ciudadanos corrientes, en un momento determinado de nuestra vida, nos salvan sin esperar nada a cambio? Pues pasa muy a menudo. Los verdaderos héroes, un vecino, el cartero, suelen estar cerca de ti. Y quizás ninguno de ellos abra los telediarios ni salga en los periódicos, pero puede que a ti te hagan la vida más fácil, incluso hasta te la salven.

Pues bien, en el arte sucede algo parecido. Y es que ¿cuántos auténticos artistas mueren y su obra se queda sin el reconocimiento que merecerían? En este cuento, O'Henry hace referencia a este tema. En *La última hoja,* el escritor nos hace saber que la mayoría de las obras maestras no ocupan un lugar en los museos ni tienen millones de visitantes. Piénsate bien la siguiente pregunta que te hago, querido lector. De poder escoger, ¿serías un artista reconocido cuya obra valoran y reconocen miles de personas o serías un ser anónimo que con su trabajo también contribuye a mejorar el mundo? A lo mejor el verdadero artista es quien te prepara el ramo de flores más bello para tu pareja en el día de su cumpleaños. Por eso, considero que la lectura de este cuento nos lleva directamente a la pregunta clave que acabo de formular.

En este sentido, todo aquello que nos ayude y que nos sirva para mirar hacia delante y sobrevivir es una obra maestra. Y su autor, generalmente ignorado y anónimo, un artista que con su humilde aportación está salvando el mundo. Ese es el mensaje que O'Henry, en un cuento tan breve como inolvidable, nos quiso transmitir. No me cabe duda de ello. Solo con el favor, el sacrificio y la bondad de los demás podemos superar todos los obstáculos que nos pone la vida. ¿Qué más se le puede pedir a la literatura que nos da lecciones como esta?

## *Los regalos perfectos*: amores sin medida

*La perfección es una pulida colección de errores.*

O'Henry

En *Los regalos perfectos,* también traducido como *El regalo de los Reyes Magos,* O'Henry nos da a conocer a Delia y a Jim, un matrimonio que vive prácticamente en la pobreza. Nos los presenta el día antes de Navidad y pese a que el dinero que poseen es escasísimo, los dos albergan la esperanza de que incluso en esa situación tan adversa por la que están pasando ambos podrán tener un regalo para el otro y así celebrar la Navidad. La falta de recursos podría afectar a la pareja, sobre todo en esa época del año donde la imagen que más se repite es la de gente paseando cargada de paquetes con una sonrisa en sus rostros. Sería tentador y hasta lícito dejarse llevar por la amargura y el victimismo, maldecir sus vidas, quejarse y culpar al mundo de las condiciones en las que les ha tocado vivir; sentir como la envidia les corroe al verse atados de pies y manos, en cuanto a lo económico, sin poder gozar, como otros, de la felicidad de ese día tan señalado. Lo fácil o lo esperable es que la situación que están viviendo les pase factura como pareja y que el resentimiento estropee esa esperada celebración. En cambio, no es así. Y no lo es porque están dispuestos a desprenderse de lo que jamás hubieran pensado que se desprenderían. De lo más preciado que poseen. ¿Lo harías tú?

Como decía, a pesar de la situación en la que viven, no renuncian a tener un regalo para el otro en Navidad. Todo vale con tal de hacer feliz a quien más amas. Lástima que los dos pensaran igual. O no.

Es curioso: el amor nos hace inconformistas, en tanto que siempre quieres lo mejor para quien amas, y a la vez conformistas, puesto que para uno mismo muy poco o nada es más que suficiente. El inconformismo y el conformismo de esta pareja inolvidable de nuestra historia los empuja a cometer el peor y a la vez mejor error posible. Debes leer el cuento para averiguarlos. Qué modo más maravilloso de equivocarse: demostrando tu amor eterno. ¿Quién no quisiera fallar así?

## La mirada sabia

No conozco a ningún ser humano egoísta que sea feliz, nos dice nuestro escritor. Los personajes de la mayoría de los cuentos de O'Henry son seres que se completan completando a otro. Esto es, la vida no les ofrece nada, más bien les quita y, pese a ello, no hay lugar para la queja. Posiblemente, porque no han pedido nada, ni a la vida ni a nadie, y de ese modo no esperan ofrecimiento alguno. No esperan recibir, pues son ellos los que creen que deben dar. A pesar de no tener, dan. ¿Y qué puedes dar si no tienes casi nada? Te das a ti mismo. Eso es lo que convierte a los protagonistas de este cuento en personas felices. Son lo que dan y, cuanto más dan, más tienen.

Por otro lado, estos seres, también nos enseña O'Henry, son los que mejor saben mirar. Sus personajes puede que carezcan de recursos y quizás por eso descubren que el mayor recurso es mirar. Mirar el cielo azul, las nubes, la lluvia. Con eso basta. Mirar dentro de sí mismos, conocerse, reconocer sus límites. Es más que suficiente. Lo más preciado de la vida está en saber mirar. Pocos son los que todavía creen en esa certeza. Muchos, demasiados, la olvidaron, ya que de niños lo primero que nos hace feliz y nos saca una sonrisa ocurre cuando miramos. Qué sabio O'Henry. Es la sabiduría de un clásico.

## O'Henry, un cuento redondo

Julio Cortázar, una verdadera autoridad como novelista y cuentista, define el cuento en oposición a la novela como una esfera perfecta donde la primera palabra debe contener en sí misma a la última, formando así un círculo cerrado donde no sobre ni falte nada. Y pone como ejemplo el mecanismo de un reloj suizo, en el que todos los elementos interactúan entre sí para proporcionar un resultado perfecto. En cambio, la novela, dice Cortázar, es como un árbol que se va ramificando hasta la última rama, la cual puede contener otras ramas más pequeñas y así hasta llegar a la copa final, cuyo resultado es una forma nunca antes prevista. La comparación que hace para definir estos dos géneros es maravillosa y exacta.

Y es que O'Henry ejemplifica a la perfección la definición de cuento clásico que da Cortázar. Sus relatos son como icebergs. Lo que lees es esa punta visible que asoma en medio del océano. Lo que se dice sin decir es una inmensidad escondida entre líneas que todo lector debe descubrir. Así pues, para leer a O'Henry hay que sumergirse. Lo asombroso de sus narraciones es cómo es capaz de contar tanto sirviéndose de tan poco. Sus relatos son breves, directos, compactos, tanto que parece que el contenido esté comprimido, como esos juguetes que en contacto con el agua multiplican por diez su tamaño. Eso ocurre al leerlos. Esa magia la experimenta el lector. No sobra ni falta nada, efectivamente. Además, el autor norteamericano se caracteriza por dar un giro final a sus obras que te deja perplejo y donde te das cuenta en esa última frase de que todo encaja, como no podía ser de otro modo.

## Un mundo mejor

Me ha ocurrido en más de una ocasión; alguien que no es muy lector me pide que le recomiende un libro y me pone una única condición: no quiere pasarlo mal. Con esto se refiere a que no quiere dramas que le encojan el corazón, es decir, nada de muertes ni tragedias. «Me lo pones muy difícil» es siempre mi contestación. Un escritor se planta delante de la pantalla para sacudirse sus fantasmas, por lo que me cuesta pensar en una buena novela donde se evite cualquier tipo de conflicto. Sin embargo, cuando estoy a punto de decepcionarlo, me viene a la cabeza O'Henry. Posiblemente, en sus cuentos haya muertes, las hay, le advierto, pero por encima de todo es un autor que te reconcilia con la vida. El escritor norteamericano nos muestra mediante sus obras una sociedad donde la bondad y el amor hacia el otro son protagonistas. Además, nos permite experimentar lo que sería vivir en un mundo sumamente mejor que el que nos encontramos tras finalizar la lectura. Los dos cuentos de los que hemos hablado así lo demuestran. Desde luego, la vida es mucho mejor leída en sus libros. En cualquier caso, siempre podemos volver a él, a su literatura. Todo un consuelo, ¿no?

## CARTA A LOS REYES MAGOS

*Estimadas majestades,*

*Tal vez lo soñé, pero recuerdo que la última carta que os envié solo fue para desearos suerte en esa noche que para vosotros es la más larga, donde recorréis todas las casas de este mundo y dejáis en ellas una de las mayores alegrías que puede recibir un niño. Ese último año que creí en vosotros os pedí que no me trajerais nada. Mi madre me leyó en esos primeros días de un año que ya no recuerdo* El príncipe feliz, *el famoso cuento de Oscar Wilde y su lectura, me dejó una huella que todavía hoy perdura. La protagonista del cuento es la estatua de un príncipe, construida a base de zafiros, diamantes y otras piedras preciosas, situada en lo alto de un monte desde donde puede observar las fatalidades y los sufrimientos que padece un pueblo entero, el suyo. Esa situación privilegiada desde donde se erige, hace que tome consciencia de la pobreza en la que viven sus habitantes y convence una noche a una golondrina que estaba a punto de emigrar hacia tierras más cálidas para extraer toda la riqueza que él posee y repartirla entre los más necesitados. Un acto ejemplar de solidaridad, de entrega y sacrificio que conlleva un triste final para la propia golondrina y para el príncipe, dado que ella muere en el frío de esa noche y él, al darse cuenta el alcalde del deterioro, ordena retirar la estatua para su fundición.*

*Tomado por el espíritu del príncipe, ese año solo deseé que todos los niños del mundo tuvieran su regalo. Yo me daba por satisfecho si así ocurría. Ese sería mi mejor regalo. He de decir que no me hicisteis mucho caso y el salón de casa esa mañana tan especial del 6 de enero estaba repleta de regalos. De todas formas, confiaba en vuestra generosidad y en vuestra magia. Estaba seguro de que esa mañana nadie se levantaría sin ser obsequiado por vosotros, Sus majestades los Reyes Magos. Ese año conocí vuestro secreto. Dejé de creer, aunque en realidad, cada noche de Reyes vuelvo a mirar el mundo con los ojos de aquel niño. Desde que supe la verdad, intento aportar mi granito de arena. No soy yo solo. El mundo está repleto de Reyes Magos que no solo trabajan esa noche. Un libro cambió mi manera de ser. Esa es la verdadera magia, ese es el mejor regalo. Aunque eso vosotros ya lo sabíais.*

*Con admiración,*
*Un lector agradecido*

# Capítulo 7

¿Quieres saber más sobre feminismo?
Enhorabuena, estás en el lugar adecuado.

# MUJERES VS. MUJERES

## Federico García Lorca

### La oveja negra del rebaño

Ante un contundente e impositivo «porque no» solo tienes dos opciones: acatar o rebelarte. La primera opción puede parecer la más fácil, aunque tengo mis dudas. El que obedece en contra de su voluntad va a tener que darse muchas explicaciones a sí mismo y, cuando estas no lleguen, se presentará un huésped desagradable y resentido, como lo es el arrepentimiento. Lo peor es que en ese instante no habrá escapatoria, pues estamos en sus manos y hará de nosotros lo que le venga en gana. Compadezco a quien viva arrepentido. La segunda opción puede parecer la más arriesgada y conveniente, pero también tengo mis dudas. Los valientes, en esta vida, se pueden contar con los dedos de una mano, ya que se quedan solos y es complicado, sin compañía ni apoyo, seguir adelante. Siempre existe el peligro de derrumbarse. Toda una hazaña huir hacia adelante en solitario. Imposible desobedecer sin que, en muchos momentos de ese viaje que no sabes dónde te va a llevar ni cuándo va a acabar ni qué te vas a encontrar, te invadan las dudas, y la incertidumbre se convierta en tu peor enemiga. Perdido en medio de la nada, te preguntarás si ha valido la pena correr tantos riesgos, si salirse del rebaño y dejarlo todo en manos de tu propio instinto ha sido la decisión correcta. Frente a la difícil tesitura de acatar o rebelarte, la pregunta es: ¿qué harías tú?

◆

Federico García Lorca me acompañó en mi primera experiencia como docente, por lo que le guardo un cariño especial. Tenía que escoger un buen clásico para mis alumnos, pues era clave para atraerlos al mundo de la lectura. Acertar con una obra a esa edad en la que la gran mayoría son reacios a leer es vital para persuadir a un futuro amante de los libros. Es un todo o nada. Si hacen el esfuerzo de leer y la experiencia no les satisface, posiblemente se pierda un lector para siempre. Por eso debía apostar por algo que les llamara la atención, una obra transgresora que acertara en el pecho como un balazo directo al corazón, un libro que no dejara indiferente a nadie. *La casa de Bernarda Alba* fue mi elección. El talento de Lorca logró seducirlos. Tanto fue así que más de uno me preguntó qué otra lectura del poeta granadino le podía recomendar. La llama había prendido. Definitivamente, ser profesor y poder compartir las lecturas que han marcado tu vida con los adolescentes es la tarea más maravillosa que puede haber. Y hacerlo ahora en estas páginas que tienes en tus manos, querido lector, lo reafirma aún más.

## *La casa de Bernarda Alba*: refugio antiaéreo

Nacer mujer es el mayor castigo.

Federico García Lorca

Acatar o rebelarse. En esa situación se verán expuestas las cinco protagonistas de esta historia. Cinco hermanas cuya madre tiránica, intransigente y sin escrúpulos, Bernarda, de la casa de los Alba, encierra durante ochos largos años en «el hogar» familiar tras la muerte de su segundo marido. Un luto impuesto. Ocho años de aislamiento estricto que padecen únicamente las mujeres, por tradición y convenciones sociales. No obstante, ¿estarán dispuestas a tirar por la borda su juventud? ¿Respetarán una norma que las privará de toda libertad? ¿Acatarán o se rebelarán? En esa dicotomía, en ese drama se vieron tantas y tantas mujeres en un tiempo no tan lejano. *La casa de Bernarda Alba* fue escrita en 1936 y en agosto de ese mismo año asesinaron a su autor. Eran los comienzos de la Guerra Civil. El texto no pudo estrenarse en España hasta 1950, debido a la censura del régimen franquista, cuyos mandos estuvieron detrás de su asesinato.

Nuestro escritor más universal creó en un espacio cerrado a cal y canto, un microuniverso asfixiante gobernado por esa madre dictatorial que desde el primer momento impuso su autoridad: «Hasta que salga de esta casa con los pies adelante mandaré en lo mío y en lo vuestro». En lo vuestro se refiere a cualquier asunto relacionado con sus hijas. Toda carcelera manda sobre sus presos. Su objetivo era mantenerlas recluidas, que el pueblo no pudiera decir que no mantenían la conducta ejemplar que se esperaba de ellas en ese periodo de luto. Y estaba dispuesta a pagar el precio que fuera con tal de cumplir con las normas establecidas. Hasta a su propia madre mantenía encerrada sin dejarla salir de su habitación.

Así pues, disputas, celos, deseos, envidias, ansias de liberación y rivalidades eran algunos de los problemas con los que tendría que lidiar esa madre despótica para mantener el orden en una casa que, como no podía ser de otro modo, ahogaba a quien la habitase.

Angustias, la hermana mayor de treinta y nueve años, hija del primer matrimonio de la matriarca, fue la única que tuvo la oportunidad de fugarse de esa cárcel, pues estaba prometida con el único varón que se nombra en la obra, Pepe el Romano, quien curiosamente no pronuncia palabra alguna en la narración. El hombre permanece en la sombra, aunque es el eje central de la trama. Está prometido con la mayor, pero es amante de Adela, la menor de las hermanas. Y solo ella se atreve a desafiar a la madre y sus estrictas leyes; a enamorarse, a caer en brazos de un amor prohibido. Desea al que será su futuro cuñado y es deseada por él.

Los encuentros furtivos de los dos amantes son un secreto a voces. Poncia, criada y mano derecha de Bernarda, amenaza a Adela con sacarlo a la luz. Ella le planta cara como era de esperar. Consciente de que la estabilidad y la honorabilidad de la familia está en juego, le trae sin cuidado que en cualquier momento todo pueda saltar por los aires, incluida ella misma. Una rebelde como Adela muere matando.

La otra cara de la moneda es la de la sumisión representada por el resto de las hermanas. Ninguna es tan osada como para llevarle la contraria a la madre. Cualquier comportamiento u opinión fuera de lugar tendrá su correspondiente reprimenda como bien aprendió Angustias, que se llevó una bofetada de su madre por maquillarse en su cuarto. Le sirvió de escarmiento. De luto ni siquiera una debe mirarse en el espejo. Bajar la cabeza, rezar y callar.

Dos actitudes, dos formas de encarar una misma realidad. Triste realidad la de estar sometidas a alguien que, en vez de mostrar amor y comprensión, declara la guerra a quienes ha traído a este mundo.

La libertad de quien se rebela, de quien no reprime su sexualidad y vive, como puede, pero vive, se verá castigada. Aunque idéntico castigo reciben quienes sí se han reprimido, han callado y han acatado. Dos caminos que conducen a un mismo final. El de una tragedia que el lector debe experimentar en sus propias carnes.

## Una sociedad condenatoria

No hay mayor aportación que la que te abre los ojos a una realidad que no te atrevías a ver. Al leer este texto de Lorca, enseguida te das cuenta de que ciertos comportamientos de algunos de sus personajes siguen más vivos que nunca a pesar de la lacra que suponen. Y tienes que reaccionar. Tras leer esta obra no podemos hacer como si nada hubiera sucedido. ¿Cómo se explica que la desigualdad entre hombres y mujeres de aquella época siga tan vigente en nuestros días?

Por sorprendente y lamentable que parezca, Lorca describe actitudes masculinas que no son, para nada, ajenas a nuestros días. En una intervención de Poncia, la criada, leemos lo siguiente: «A vosotras que sois solteras, os conviene saber de todos modos que el hombre a los quince días de boda deja la cama por la mesa y luego la mesa por la taberna, y la que no se conforma se pudre llorando en un rincón». Más. También en voz de Poncia: «Anoche llegó al pueblo una mujer vestida de lentejuelas y que bailaba con un acordeón, y quince de ellos la contrataron para llevársela al olivar. Yo los vi de lejos. El que contrataba era un muchacho de ojos verdes, apretado como una gavilla de trigo». Y prosigue: «Hace años vino otra de estas y yo misma di dinero a mi hijo mayor para que fuera. Los hombres necesitan esas cosas. Se les perdona todo». Aún estamos en esas: los hombres pueden gozar de una libertad absoluta, pueden incluso ser infieles, está en su naturaleza. La mujer, para colmo, debe aceptarlo y asumirlo porque es una necesidad irreprimible. Ver para creer.

Otra cuestión: ¿cómo es posible que el temor al qué dirán siga condicionando nuestras vidas? Bernarda, tal y como hemos dicho antes, mantiene encerrada con llave en una de las habitaciones de la casa a su madre por no estar del todo en sus cabales. Padece una especie de demencia, pero ella considera que es una vergüenza a ojos y oídos de los habitantes del pueblo. Adela y sus hermanas visitan de vez en cuando a su abuela cuando grita y solloza. Sin embargo, María Josefa, que así se llama, tiene momentos de lucidez y habla como una auténtica visionaria. La verdad, la incómoda verdad nunca ha sido del agrado de Bernarda. Más motivo incluso para tenerla silenciada y apartada. A su propia madre.

Aunque la escena más salvaje y dura ocurre en el acto segundo de la obra: se oye ruido y barullo en la calle, se forma un tumulto de gente y las hijas de Bernarda se asoman a las rejas del patio y observan cómo están apedreando y azotando a una mujer del pueblo. Estando soltera se quedó embarazada. La vergüenza y el temor al qué dirán la llevó a matar a su propio hijo en cuanto dio a luz. Escondió al bebé muerto hasta que unos perros callejeros dieron con él. Todo el pueblo se enteró y la estaban matando en medio de la calle. Merecido castigo por ser madre soltera, declaraba Bernarda en esa escena.

Afortunadamente nuestra mirada, en ese caso, ha cambiado mucho, pero ¿quién actúa desde la más absoluta libertad sin pensar en lo que opinarán los demás sobre nosotros? ¿Somos realmente libres en ese aspecto?

Leer *La casa de Bernarda Alba* genera este tipo de cuestiones, nos adentra en un serio debate que debería conducirnos a pensar si hemos progresado como sociedad lo suficiente o seguimos habitando un mundo rancio y atrasado. Esa es su mejor aportación: situarnos en lo que de verdad importa para poner solución a lo que todavía sigue siendo un problema que atañe a las libertades del individuo.

## Lorca, alma de clásico

Podría intentar decirlo con mis propias palabras, pero ¿para qué?, si Lorca ya lo definía de manera impecable, clásica. Decía que el teatro «es la poesía que se levanta del libro y se hace humana. Y al hacerse, habla y grita, llora y se desespera. El teatro necesita que los personajes que aparezcan en la escena lleven un traje de poesía y al mismo tiempo que se les vean los huesos, la sangre. Han de ser tan humanos, tan horrorosamente trágicos y ligados a la vida y al día con una fuerza tal, que muestren sus traiciones, que se precien sus olores y que salga a los labios toda la valentía de sus palabras llenas de amor o de ascos». Su teatro respira ese lirismo y esa verdad. Sus obras están más vivas que nunca. Nos interpelan y nos hacen reflexionar, trascienden el tiempo, característica esencial que posee todo clásico. A nadie pueden dejar indiferente. Atravesar esa experiencia, leer al poeta granadino puede cambiar nuestra percepción de todo. Un clásico tiene el poder de llegar hasta lo más profundo de nuestro ser y, en consecuencia, modificar nuestro comportamiento y nuestra manera de pensar. Solo así se avanza. El objetivo del poeta que amaba el teatro era ese. Su obra completa es un continuo susurro en el oído del lector: «¡Avanzad, avanzad, que el mundo sea siempre un continuo amanecer y el progreso sea la bandera que enarboléis, la de la libertad!». Poco más que añadir a esto.

## La mujer, siempre en desventaja

«Nacer mujer es el mayor castigo» no es una frase cualquiera, es la que contiene en su interior el libro entero del que acabamos de hablar en estas páginas. El problema es que es una frase escrita en 1936 para reflejar la situación que vivían las mujeres en los pueblos de España. Bernarda representa la sociedad patriarcal cómplice de sostener una situación de absoluta desigualdad. Por desgracia, dramas parecidos de mujeres sometidas continúan existiendo en los pueblos, en las ciudades y en cualquier lugar donde, generalmente, un hombre se considera dueño de la vida de una mujer. ¡Cuánta lucha queda todavía por librar! Que esa frase que escribió Lorca siga siendo una realidad en 2023 es algo que nos debería preocupar. La violencia machista y el número de mujeres asesinadas en nuestro país aumenta cada año. Hemos avanzado en muchos aspectos, nuestra sociedad se parece poco a la de ese año fatídico en que comenzó una guerra en España y, sin embargo, nacer mujer sigue siendo un castigo. La desigualdad respecto al hombre, a día de hoy, es un hecho. Eso no se discute. El acoso al que están sometidas a diario, la violencia y los abusos que sufren son una realidad incontestable. ¿Cuánto tiempo tiene que pasar?, ¿qué debemos hacer para que ser mujer no sea una desgracia? Leer esta obra de Lorca debería ser obligatorio en todos los institutos del país. Porque el poeta y dramaturgo nos pone en alerta. Y solo así se evitan muchas desgracias. Leer es estar siempre alerta. La educación y la cultura rebajan y anulan las barbaries. Nadie pertenece a nadie. Qué rabia y qué pena tener que decirlo. Parece mentira que algo tan obvio deba todavía gritarse a los cuatro vientos. Ojalá sirva de algo ponerlo aquí por escrito: vivamos y dejemos vivir.

## CARTA A FEDERICO

*Estimado Federico,*

*Tal vez lo soñé, pero recuerdo el ruido ensordecedor de los aplausos de miles de estudiantes que llenaron el Teatro Nacional. Entre ellos, había treinta alumnos míos que disfrutaron de la experiencia de ver representada tu obra,* La casa de Bernarda Alba*, como yo nunca podría haber imaginado. No olvidaré jamás cómo se levantaron de sus butacas y aplaudieron al finalizar la obra. Yo solo estaba pendiente de sus caras emocionadas. Rostros de felicidad que fueron el mejor premio que un profesor podría obtener. Ojalá, Federico, hubieras estado allí. Qué orgulloso te hubieras sentido de ellos. Vibraron con cada escena: enfurecieron con los maltratos, se asustaron con los gritos, maldijeron los castigos, suspiraron en todos los deseos incumplidos, entristecieron y clamaron justicia en ese final tan cruel que diste a Adela. Yo fui testigo, Federico. Vi la emoción en sus ojos y eso no tiene precio. Eso no se olvida. Como no te olvidarán a ti, de eso estoy seguro. Quería que supieras que muchos de los que asistieron ese día al teatro son buenos lectores, les inoculaste la pasión por los libros y la literatura. Sé que te van a seguir leyendo. Me los imagino en sus casas con un libro entre las manos, yendo al cine, a una exposición, volviendo al teatro, porque palpé esa inquietud en la mayoría de ellos. Hace tiempo que les perdí la pista, pero un día me los volveré a encontrar, el azar tiene esas cosas, y hablaremos de ti y de ese año ya remoto en el que leyeron su primer clásico. Espero que estés bien allá donde te encuentres.*

*Con admiración,*
*Un lector agradecido*

# Capítulo 8

En mayor o menor medida, te gusta el riesgo, traspasar los límites. Tú lo sabes, yo lo sé y M. Shelley lo supo antes que nosotros

# UNA CULPA INHUMANA

## Mary Shelley

### Los peligros de cumplir tus sueños

A Oscar Wilde se le atribuye una frase en la que nos advierte de que tengamos cuidado con lo que soñamos porque podría convertirse en realidad. Su consejo habría que tenerlo en cuenta, como todo lo que escribió, pues nos está diciendo que los sueños deben quedarse en eso, en meros sueños a pesar de que nuestro deseo nos reclame otra cosa muy distinta. No hacerle mucho caso al deseo también forma parte de su advertencia, así que, cuidado. Nos está avisando de que vivir esa realidad soñada no se parecerá en nada a lo que creíamos. Al final, la realidad siempre defrauda y, además, es la que nos arrebata esos sueños. O lo uno o lo otro, claro. El hombre, sin embargo, es incapaz de vivir sin ellos. Los pocos que son capaces de cumplirlos se buscan otros. Y, en consecuencia, esa realidad con la que soñaron se transforma en una pesadilla de la que hay que huir como sea. El problema, en cualquier huida, es que siempre te andan persiguiendo. Así es como me explico esa frase de Oscar Wilde. Además, no es tan fácil deshacerse de la realidad que soñamos un día. A lo mejor, en algunos casos es imposible. Conseguirlo, es decir, dejar de tener lo que quisiste tener un día implicará, a buen seguro, sufrimiento, sacrificio y dolor. Créeme. Por haber logrado hacer realidad tus sueños, sufrirás, te sacrificarás, sentirás un dolor indecible y no dejarás de pensar en lo maravillosa que era tu vida cuando aún soñabas con alcanzar aquello que jamás debería haber sido alcanzado. Acuérdate de Wilde o de estas líneas cuando estés a punto de hacer realidad un sueño y déjalo correr. Y si no, que se lo pregunten al protagonista de este capítulo, Victor Frankenstein.

En septiembre de 2022, y a través de los ojos de un alumno, redescubrí este libro. Gracias a él, volví a ser adolescente y pude disfrutar de uno de los grandes clásicos de la literatura. Lo cierto es que cada redescubrimiento ha sido un poco fruto del azar. En este caso, influenciado por otra lectura en la que aparecía Mary Shelley, le recomendé leer a mi alumno *Frankenstein o el moderno Prometeo*. Y es que, de alguna forma, este chico me recordaba al joven Victor Frankenstein, tenía su misma mente inquieta, la misma sed de conocimiento. Estaba convencido de que se iba a ver reflejado en esa personalidad cultivada y esperaba que se diera cuenta de hasta qué punto la obsesión por el saber podía trastornar al ser humano. De eso también se daría cuenta. La novela le iba a encantar. Igual que a mí e igual, espero, que, a ti, querido lector.

## *Frankenstein*: el terror detrás del monstruo

¿Era yo entonces un monstruo, una abominación de la tierra, de la que todos huían y a la que todos repudiaban?

Mary Shelley

Una vez más, amigo lector (perdón por la confianza, pero a estas alturas creo que ya somos un poco amigos), permíteme que vuelva a sacar de paseo al profe de Literatura que llevo dentro (quizás no tan dentro) para ponerte en contexto. Esta obra lo merece, de verdad.

La novela se publicó en 1818. Dos años antes, en la primavera de 1816 el famoso poeta lord Byron alquiló una casa en Cologny, muy cerca de Ginebra, en las orillas del lago Leman popularmente llamada Villa Diodati. El matrimonio Shelley (Percey, famoso poeta inglés y Mary, su esposa, la futura autora de la novela que aquí presentamos) se hospedaba muy cerca de allí, en Champagne Chapuis. Visitaban a menudo al poeta en su mansión. El verano de ese año, en 1816, el clima se hizo siniestro y hubo días, semanas enteras en que no vieron apenas la luz. Una oscuridad inusitada, borrascas y mal tiempo invadieron esas tierras. Los Shelley, Byron y alguna compañía más como el médico personal de poeta, Polidori, encerrados en esa gran casa se dedicaron a leer relatos de fantasmas.

En el prólogo que escribió Mary Shelley en 1831, cuando se reeditó la novela, ella misma describe esa situación en Villa Diodati y también cómo empezó la escritura de este clásico que nos ocupa: «Resultó ser un verano húmedo y desagradable, la lluvia incesante nos confinaba frecuentemente en casa, unos volúmenes de historias de fantasmas cayeron en nuestras manos. Cada uno de nosotros escribirá una historia de fantasmas, dijo lord Byron, y su propuesta fue aceptada. Éramos cuatro. Todos empiezan a escribir menos yo». Y continúa diciendo: «Yo me urgía a mí misma a pensar una historia que pudiese rivalizar con las que nos habían llevado a aquella empresa. Una historia que hablase de los misteriosos temores de nuestra propia naturaleza y que despertase el más intenso de los terrores, una historia que hiciese temer al lector mirar a su alrededor, que helase la sangre y acelerase los latidos del corazón. Si no conseguía todas esas cosas, mi historia de fantasmas probaría ser indigna de ese nombre. Pensé y reflexioné en vano». Mary Shelley no daba con las palabras ni con la historia que ella misma se exigía hasta que una noche se le apareció la idea. En ese mismo prólogo lo relata del siguiente modo: «Cuando apoyé la cabeza en la almohada no me dormí, aunque tampoco puedo decir qué pensaba. Mi imaginación, espontáneamente, me poseía y me guiaba. Vi al pálido estudiante de artes impías, (se refiere aquí al que será su protagonista, Victor Frankenstein, el creador del monstruo) de rodillas junto al ser que había ensamblado. Vi al horrendo fantasma de un hombre tendido; y luego, por obra de algún ingenio poderoso, manifestar signos de vida, y agitarse con movimiento torpe y semivital. Debía ser espantoso el resultado de todo esfuerzo humano por imitar el prodigioso mecanismo del Creador del mundo. El éxito aterraría al propio artista; huiría horrorizado de su propia obra».

De este modo explica Mary Shelley la idea que más adelante se convertiría en el mejor clásico de terror de todos los tiempos. Un hombre, una mente que cree que puede resucitar la carne. Era la idea perfecta. Solo faltaba ponerse a escribir. Y lo hizo a partir de una fórmula muy literaria: por carta. Gracias por eso, Mary.

Así pues, la novela nos llega de la mano de Robert Walton, nunca mejor dicho, puesto que este personaje es el autor de las cartas que envía a su hermana explicándole con todo lujo de detalle la historia que a su vez le ha contado Victor Frankenstein, el verdadero protagonista. Walton era capitán de un barco que surcaba las frías aguas del Polo Norte en una expedición y quien rescata a Frankenstein, prácticamente a punto de perder la vida en medio de un islote de hielo. El hecho de que nos llegue la historia a través de estas cartas convierte la narración en algo real y verosímil. Y es que eso tiene la buena literatura, que convierte la mentira en una verdad eterna.

Sigamos con un poco más de contexto. Resulta curioso, como poco, que Mary Shelly no le pusiera nombre a la criatura que dio vida Victor Frankenstein. ¿El motivo? Se supone que porque no se le puede poner nombre a algo que no se sabe exactamente qué es. Lo que sí hizo es comparar a Frankenstein con Prometeo y subtitular la novela como «el moderno Prometeo». En el mundo de la mitología, Prometeo es quien desafía y engaña a los dioses y es castigado por ello. Justamente lo que hace Frankenstein. Desafiar las leyes de la naturaleza e insuflar vida a una criatura hecha a partir de distintas partes de cadáveres. Como Prometeo será castigado, pero en el caso del joven científico el escarmiento será llevado a cabo por su propia creación.

## Una culpa repartida

Un monstruo, ¿nace o se hace? Para responder esta cuestión, no hay nada mejor que leer este libro. Y es que Frankenstein crea a un ser sin preguntarse cómo será su existencia en este mundo: su deformidad y su desproporción (mide más de dos metros) lo alejan de cualquier tipo de compañía, amistad o amor. Y nadie que habite este planeta es capaz de vivir sin amar y ser amado. Ni siquiera tiene a su lado a la persona que lo creó. Abandonado por su creador, deberá sobrevivir como pueda. Y lo hace. Soporta y resiste todas las adversidades imaginables e intenta adaptarse y aprender: desde el propio lenguaje para poder comunicarse, hasta ser capaz de leer para entender la historia del mundo en el que vive. Mary Shelley aplica la teoría de Rousseau, la cual revela que el hombre es bueno por naturaleza. Así nace él, sin maldad alguna, de corazón limpio, hasta que el rechazo y el desprecio de los demás, junto a las carencias afectivas lo acaban convirtiendo en un ser monstruoso, terrorífico y violento. Allí por donde pasa siembra el caos y la destrucción. Una de sus víctimas resulta ser el hermano menor de Victor Frankenstein, su creador, aunque culpan del asesinato a un miembro muy cercano de la propia familia. Frankenstein es consciente de que él mismo, indirectamente, es el asesino de dos personas a las que amaba. Debe ir en busca del monstruo. En el encuentro entre el creador y su creación, este último solo le hace una petición: debe darle a un ser parecido a él, una mujer de sus mismas condiciones dispuesta a amarlo. Frankenstein se niega y el monstruo amenaza con matar a su familia. En esa situación de enfrentamiento, la fatalidad caerá sobre ambos. Solo así podría acabar lo que nunca debería haber empezado.

## El libro multigénero

No creo que exista una obra que pueda aportarnos tanto como esta. Una novela que a la vez son muchas otras y de distintos géneros. Al leer *Frankenstein,* seremos testigos del espanto y el horror que siembra un engendro monstruoso capaz de matar a niños y a adultos por igual. Alguien que selecciona a sus víctimas para causar un dolor indecible a quien más odia. Una historia de venganza cruel y sádica. Una novela de terror. No obstante, ¿está ese comportamiento justificado? ¿Era, pues, inevitable? En esta obra, esa crueldad no es banal, tiene su razón de ser. El lector puede llegar a entender la violencia que ejerce el monstruo creado por un científico endiosado, en cuyas manos la ciencia y el progreso están al servicio de su mente rebuscada y obsesiva. Ha jugado con fuego. El monstruo sabe distinguir entre el Bien y el Mal hasta que, harto del desprecio de los demás, se deja llevar por su ira. En ese sentido, la narración de terror que estábamos leyendo se convierte en una novela filosófica. ¿Lo ha corrompido la sociedad? ¿Es víctima o verdugo? ¿Se puede ser ambas cosas? Asimismo, esta novela también indaga en el poder de la ciencia y sus límites. Si el hombre fuera capaz, como se hablaba en tiempos de Shelley, de retornar a la vida lo que pertenece a la muerte, ¿qué ocurriría entonces? ¿Cuáles serían las consecuencias? La historia también plantea esta situación y la desarrolla. Nuestra autora entra en terreno desconocido y su novela se convierte en la precursora de la ciencia ficción. Una novela de novelas es lo que le deparará al lector que se adentre entre sus memorables páginas.

## Shelley, la complejidad de un clásico

A cualquiera a quien preguntes por Frankenstein sabe de quién (o de qué) se trata. En el imaginario colectivo permanece la imagen del monstruo, gracias, en parte, a las adaptaciones cinematográficas de este clásico ya mítico. La más conocida proviene de la película *El doctor Frankenstein,* estrenada en 1931, en concreto, la del actor Boris Karloff, quien encarna al monstruo que perdurará en la retina tanto de los amantes del cine como del resto del mundo. Sin duda, el personaje ha traspasado los límites de la ficción y se ha convertido en un icono: el rostro rectangular, los electrodos en el cuello, las cicatrices de las suturas en la frente, las bolsas ojerosas de sus párpados, sus andares rígidos parecidos a los de un robot junto a la nula expresividad dieron con la imagen perfecta para la posteridad. Pero hay que reivindicar la novela de Mary Shelley por encima de todo, no solamente porque es el origen del mito, sino porque su libro es mucho más poderoso en matices que cualquier versión llevada a la pantalla grande.

La autora logra que el brutal responsable de tanto asesinato sea percibido con ternura y compasión. Aquí no existe el maniqueísmo, pues, como ya hemos dicho, en él cohabitan el Bien y el Mal. El monstruo es arrojado a este mundo con un físico horrendo y espantoso, pero a la vez duro y portentoso, capaz de resistir en condiciones que nosotros los humanos seríamos incapaces. De ahí que sobreviva al frío, al hambre, la sed y el calor extremos, a la soledad y al abandono, a la falta de amor y compañía, hasta que el rechazo y el desprecio lo convierten en alguien que carece de control y poder sobre sí mismo. ¿Actuaríamos como él si el mundo nos diera la espalda? Probablemente. Por ese motivo nos compadecemos de él. Algo parecido ocurre con Frankenstein, su creador. El experimento que lleva a cabo lo desborda y huye. Comprensible. Su castigo es incluso peor que el que sufre su criatura en esa soledad. La consciencia lo atormentará para el resto de sus días. Al fin y al cabo, entender la vida como un cúmulo de errores nos hace más humanos. Y entender a un asesino y a su creador, todavía más. Nadie está libre de cometer el peor de los crímenes. Solo deben cambiar las condiciones de bienestar en las que uno vive. En esta historia se demuestra.

Asimismo, en un clásico no suele haber preguntas fáciles de contestar. No suelen distinguirse los buenos de los malos porque somos lo uno y lo otro. En la buena literatura, como en la vida, las cosas no son tan simples, al contrario: son complejas y difíciles de comprender hasta el extremo de no tener explicaciones. Mary Shelley, al escribir esta obra, se proponía averiguar quiénes somos en realidad. Por eso, al leerla posiblemente no demos con la respuesta, pero, sin duda, estaremos un paso más cerca. Solo queda seguir leyendo el resto de nuestra vida.

## Los Frankenstein del futuro

Si por algo se caracteriza el ser humano es por querer alcanzar lo más alto, traspasar los límites y diferenciarse de esta manera del resto. Nacemos inconformistas por naturaleza. Así se explica que, de niños, al ser preguntados por la profesión a la que nos gustaría dedicarnos de mayores respondiéramos «astronauta», «piloto de aviones», «motociclista», «corredor de fórmula 1», etcétera. Ninguno de nosotros, a esa edad en las que soñar es tan habitual, habría dado como respuesta «carpintero», «administrativo» o «instalador». La mayoría, con el paso de los años, nos volvemos cada vez más realistas y conformistas y nos contentamos con un trabajo con el que se pueda pagar la hipoteca y salir a cenar de vez en cuando. No obstante, siempre hay excepciones. Personas que los años y la realidad no les frenan sus ansias por destacar y alcanzar cimas nunca exploradas. Dudo que eso les conduzca a la felicidad, más bien, al contrario. Y de entre todas las excepciones nacerá un Victor Frankenstein que pondrá en jaque, en nombre del progreso, sino a toda la humanidad, a parte de ella. Tras esta lectura, si algo queda claro es que la ciencia y el afán de conocimiento no siempre nos aporta un mejor bienestar para la sociedad. El futuro está puesto en la robótica y en la tecnología que, a buen seguro, beneficiarán al capitalismo imperante, pero ¿recaerán esas mejores condiciones de vida en los ciudadanos? En la era de las redes sociales y los teléfonos móviles, ¿de verdad han mejorado nuestras vidas? En la era de Amazon e internet, ¿de verdad estamos mejor? ¿O domina la precariedad en nombre del progreso? Deberíamos pensar dónde está el monstruo que ha creado la tecnología en nuestro siglo XXI, a quién está asesinando y si lo estamos persiguiendo o lo dejamos campar a sus anchas. Al menos Frankenstein creó a un ser con alma y sentimientos que quería amar y ser amado. ¿Tiene nuestro monstruo consciencia de serlo?

## CARTA A WILLIAM FRANKENSTEIN

*Querido William,*

*Tal vez lo soñé, pero recuerdo verte antes de que el monstruo se te acercara y acabara con tu vida. No puedo quitarme esa imagen de la cabeza. Que tus últimos momentos en este mundo fueran de pánico y alucinación por no saber qué tipo de criatura asesina te descuartizaba debe de ser lo peor a lo que un ser humano se haya podido enfrentar. Afortunadamente, no sufriste mucho y no te enteraste de que detrás de esa criatura, de ese asesino descontrolado estaba tu propio hermano. El verdadero culpable de tu muerte fue sangre de tu sangre. Él fue quien dio vida a quien nunca la debería haber tenido. Él fue quien abandonó a esa criatura monstruosa que, en el fondo, tenía buen corazón. La primera víctima de aquel macabro experimento, aunque no te lo creas, no fuiste tú. Fue el mismo que te arrebató la vida. No es que esté justificando tu asesinato, sino que intento que pueda ganarse tu perdón. Hasta que te cruzaste con él, fue el ser más desgraciado que haya podido pisar esta tierra. Intentó, de todas las formas habidas y por haber, tener un espacio y un hueco entre nosotros, pero fue del todo imposible. No sé cómo actuaría cualquiera de nosotros en su lugar. Todo lo que recibió fue el desprecio, el rechazo y la aversión de quienes se toparon con él. Nadie supo ponerse en su piel y escucharlo, nadie quiso comprenderlo. También los entiendo. Tampoco sé cómo hubiera actuado yo si una criatura como él se me hubiera acercado. Son tantas las veces que el ser humano no calcula las consecuencias de sus actos que no sé cómo no nos hemos extinguido como especie. Lo que más rabia y pena me da es que tú seas el gran olvidado. A ese engendro de criatura solo le hicieron caso, mejor dicho, le hizo caso tu hermano cuando actuó con violencia y arrastrado por el Mal. Es triste decirlo, pero esa es la realidad. Solo cuando se vio amenazado él y su familia, empezó a actuar. Así de egoístas somos los seres humanos. Debía eliminarlo, pero tampoco pudo. Únicamente, cuando el propio monstruo fue consciente del mal que sembraba, muerto tu hermano, él mismo se apartó de todo y de todos. Lenta debió de ser su agonía. Al menos tú, aunque te dieran muerte tan temprano, en los pocos años de vida que tuviste, conociste el amor y el cariño. Lo que buscó y rogó toda su vida la espantosa criatura. Ahora ya sabes la verdad. Merecías conocerla. Espero y deseo que los perdones a los dos, pequeño William, allá donde estés.*

*Con admiración,*
*Un lector agradecido*

# Capítulo 9

La libertad siempre será tu mejor amiga y tu peor enemiga, así que nunca dejes de tenerla cerca.

# LA LUCHA ENTRE EL BIEN Y EL MAL

William Golding

## Cuando nadie nos ve

Si existen leyes, sanciones y condenas es porque antes hubo delitos. La ley existe porque el ser humano ha demostrado que no se sabe comportar. Tiene su razón de ser como medida de contención. El hombre, sin una autoridad que lo tenga amenazado, tiende al caos. Cualquier profesor lo tiene más que asumido. Sabe perfectamente que, si se ausenta de clase, aunque solo sean dos segundos, las posibilidades de que el aula a su vuelta se haya convertido en el camarote de los hermanos Marx, en una jauría descontrolada, son altísimas. Por poner un ejemplo gracioso. En cambio, los ejemplos que se me ocurren fuera de las aulas carecen de toda gracia. Asesinatos, violaciones, robos, secuestros, etcétera.

Y ni siquiera con las leyes en la mano y las consiguientes autoridades que las hagan valer se logra evitar la barbarie del hombre. Habiendo dicho esto, ¿alguien cree que pueda haber un lugar donde la gente consiga vivir sin códigos y sin normas? Desgraciadamente, no existe. Es inimaginable. Miento: conozco a un hombre, el autor de la novela de la que hablaremos en este penúltimo capítulo, que creó un escenario exento de cualquier tipo de reglas para averiguar qué ocurriría si un grupo de personas tuviera la oportunidad de vivir, mejor dicho, de sobrevivir en esas circunstancias.

William Golding, el escritor británico, autor de este novelesco experimento social, escogió un punto del mapa, un paraje apartado y solitario, donde destinó a un grupo de niños y adolescentes, a los que todavía no ha dado tiempo a que la sociedad los corrompa, a convivir entre ellos. Asimismo, las condiciones de vida en las que se van a encontrar estos jóvenes no van a ser fáciles, aunque su libertad, eso sí, será aparentemente ilimitada. Deberán aprender a sobrevivir en una situación extrema. ¿Cómo se comportará el ser humano en esas circunstancias? ¿Agudizará su inteligencia y su capacidad para colaborar? ¿O se dejará llevar por su egoísmo, su anarquía y aflorará su lado más salvaje?

Vale la pena leer este clásico para averiguar quiénes somos en realidad, y de qué está hecho el corazón del hombre. Solo cuando está en juego nuestra vida es cuando demostramos qué hay en nuestro interior. En esta obra, el autor nos desenmascara. Quiere mostrar nuestro verdadero rostro. Nos observa cuando creemos que nadie nos mira, momento en el que nos despojamos de la falsedad e hipocresía que nos caracteriza. Así que te invito a adentrarte en esta aventura, sobre todo porque este libro hará que te replantees muchas cuestiones. La primera de todas: de estar en la piel de esos chicos, ¿cómo hubieras actuado tú? Lánzate a por el libro. Yo he retornado a él hace muy poco y es que soy partidario de regresar a aquellos lugares donde alguna vez fui feliz, más si se trata de volver a un clásico. Por el contrario, los que nunca vuelven donde hallaron la felicidad exponen que repetir esa experiencia es un acto que conlleva demasiado riesgo y lo habitual, eso dicen, es llevarse una gran decepción. Principalmente, porque no somos los mismos que gozaron de esa dicha. El caso es que recibí una invitación para participar en una mesa redonda en la facultad en la que se hablaría de literatura gótica. Debía volver al libro que tanta felicidad me dio hace ya muchos años. Podría haber declinado el ofrecimiento, pero estaba tan seguro de que no me iba a decepcionar que acepté sin pensármelo dos veces. Lo que opino de ese extraordinario libro publicado en 1954 lo explico a continuación.

## *El señor de las moscas*: el peor enemigo es uno mismo

> Quería explicar que la gente nunca resulta ser del todo como uno se imagina que es.
>
> William Golding

Un accidente es el desencadenante de todo. Un avión se estrella en medio de una isla y el piloto, el único adulto a bordo, muere. Los supervivientes son un grupo de niños y adolescentes que tendrán que sobrevivir solos a un escenario absolutamente extremo y novedoso para ellos. Unos serán más conscientes que otros de la gravedad del asunto; unos lo vivirán como una aventura, otros como una desgracia de la que habrá que sobreponerse. Actuarán dependiendo de su madurez y de su consciencia individual. En una situación límite como en la que se encuentran es cuando surgen los liderazgos. Alguien debe coger las riendas y guiar al grupo. Si bien el conflicto en la novela se presenta cuando son dos los aspirantes al liderato con objetivos muy distintos. Dos gallos en un mismo gallinero. Ralph y Jack. Jack y Ralph que interpretan las dos caras de una misma moneda. El combate está servido. La suerte está echada.

Ambos son los personajes más importantes de la novela, pues son claves para entenderla. El protagonista y el antagonista. Ralph representa la madurez, la serenidad, la inteligencia, la responsabilidad, la persona que ofrece soluciones a los problemas personales y colectivos. Un líder que construye, que aporta. En definitiva, el emblema del progreso y la civilización.

Y Jack es todo lo contrario; simboliza la parte más irracional y salvaje del ser humano. Alguien que se deja arrastrar por la fuerza oscura e inconsciente que todos llevamos en nuestro interior, la de nuestros instintos más primarios. Una persona que necesita hacerse respetar, pero que, en cambio, no respeta a nada ni a nadie. Un hombre de acción, violento y sin escrúpulos.

Lo curioso aquí es que podrían haberse complementado. Eran la pareja perfecta para liderar al grupo. Dos capitanes. Uno dirigiendo a los más intrépidos y otro estableciendo normas y conductas con los más astutos. Sin embargo, no funcionó como debería haber funcionado.

Cada uno hizo la suya, las divisiones fueron en aumento, tensaron tanto la cuerda que al final se rompió.

Al inicio de la novela se ponen de acuerdo para gestionar todo aquello que les resultará necesario para sobrevivir, esto es, principalmente construir cabañas y mantener una hoguera encendida las veinticuatro horas del día para poder ser avistados. Si bien todo empezó a desmoronarse cuando algunos se desentendieron de sus deberes y perdieron la oportunidad de ser liberados. Sí, liberados. ¿Acaso no pensaron que la libertad sin límites de la que gozaban era, en realidad, una trampa y vivían todos desasistidos en una cárcel sin rejas ni barrotes? Esa engañosa libertad, junto con la lucha por el poder, desunió a la comunidad. Y la violencia se fue adueñando de todo. El caos del que hablábamos al principio se terminó por imponer. El señor de las moscas es la simple cabeza de un jabalí al que dieron caza hincada en un palo y se convirtió en el dios al que la mayoría rezaba e idolatraba. Simbolizaba el mundo corrupto que no se puede gobernar ni comprender; el testimonio de cuán bajo puede caer el ser humano. Esos mismos niños que sueñan con monstruos que los acechan son, sin darse cuenta, los culpables de sus propios desvelos. Ellos han creado a su repugnante imagen y semejanza la criatura de sus miedos. La llevan dentro, qué duda cabe.

## Todo vale

Cuántas veces habremos oído frases como esta: «Hasta que no te encuentras en la situación no sabes cómo vas a reaccionar. Cuando me atracaron, jamás pensé que plantaría cara al atracador». Y también, este tipo de respuestas: «Pues a mí cuando me ocurrió algo parecido me quedé paralizado. Se llevó la cartera y no me moví de aquel lugar durante un tiempo que me pareció eterno».

Ese «hasta que no te encuentras en la situación no sabes cómo vas a reaccionar» significa que, en realidad, no sabemos quiénes somos, que nunca llegamos a conocernos del todo y que esa tarea es una de las más complicadas. Porque, en una situación extrema, el que se considera valiente y no tiene temor a nada actúa como un cobarde, y el que se creía un cobarde reacciona con valentía.

Quiénes somos es la pregunta velada que recorre toda la novela y la respuesta es que igual no somos quienes nos imaginábamos ser. Lo que nos aporta esta obra de Golding, lo que nos quiere decir es exactamente esto: «Mira, mira qué personajes, fíjate en estos estudiantes ingleses que han recibido una educación intachable y vienen de familias modélicas cómo se comportan. Tú podrías ser uno de ellos».

Sí, claro, podrías ser un vándalo o un asesino. Lo único que te diferencia de ellos ahora mismo es que tú duermes las horas que te corresponden y tienes un plato en la mesa tres veces al día y, sobre todo, no tienes la libertad que tienen ellos, ni la impunidad de la que gozan. Son aparentemente libres, no hay ninguna autoridad que les diga lo que está bien y lo que está mal. Además, quien se comporta de modo civilizado, a quien no le tienta o se resiste a dejarse tentar por la pereza y cumple con sus obligaciones, quien no se deja arrastrar por sus pulsiones nadie se lo reconoce, nadie lo premia. Ningún favor recibe a cambio, ninguna recompensa, salvo la que se quiera dar él mismo. Tanto da cómo actúes, cómo te comportes. Todo será olvidado o solo lo recordarás tú y tu consciencia. Qué más da. Nadie va a juzgar lo que acontezca en esa isla. Total, qué importará el presente cuando crees que no va a existir un futuro.

Esta es la reflexión que William Golding nos sirve en bandeja. Y no vale ahora que digas que tú nunca serías uno de esos violentos asesinos. No vale. O quizás vale para que empieces a asumir que serías el primero en serlo. Quien pronto se justifica, por el mero hecho de justificarse, ya es sospechoso. Lo más prudente es reconocer que en una situación así no sabes cuál será tu reacción. Esa sinceridad, por lo menos, te honoraría.

## Golding y la naturaleza humana

Cualquier clásico, pero sobre todo este, nos interpela porque habla sin rodeos de la complejidad del alma humana. Y, ojo, no somos fáciles de explicar porque cuando del ser humano se trata, no siempre hay una explicación adecuada y válida. Vamos dando palos de ciego por un lugar oscuro.

En resumidas cuentas, este libro es un clásico porque habla de la condición humana como pocos. Pretende dar respuesta a quiénes somos. ¿Cómo?, te preguntarás, pues señalando esa parte nuestra que no está en ningún otro ser vivo en la naturaleza. Salvo el hombre, nadie mata si no es por pura necesidad y supervivencia.

Así pues, el escritor británico trata de explicarse y explicarnos por qué nos matamos entre nosotros, por qué la historia del hombre es también la historia de la guerra. ¿Acaso es posible la paz y la concordia? La historia nos dice que no. A los hechos me remito. Hoy, cuando escribo estas líneas, israelíes y palestinos se matan entre ellos sin que podamos señalar al culpable. ¿Quién se lo explica? ¿Quién se atreve a señalarlo? Dicen que la primera víctima de una guerra es la verdad. Esa verdad es con lo que se obsesionó nuestro autor. Lo que trató de ofrecernos en todas sus páginas fue solo eso. Solo. Como si fuera poco. Eso que no está a nuestro alcance es de lo que está impregnado cualquier clásico. El lector tiene otra tarea monumental con estos libros y es hallar las huellas, las muestras de esa verdad que únicamente encontrará si se sumerge en las profundidades de esas páginas. Allí se encuentra lo que no se puede hallar. Un tesoro que no está al alcance de cualquiera. Vayamos en su búsqueda.

## ¿Por qué tanta violencia?

Lo que ocurre en la isla de *El señor de las moscas* sucede muy a menudo en nuestra vida diaria, eso sí, sin permitir que la situación de conflicto vaya a mayores como pasa en la novela. El germen de la guerra está siempre presente. Solo hace falta ser un poco observador para detectarlo. Observemos, pues: a las nueve de la mañana salgo de casa para ir al instituto. No está muy lejos. Un cuarto de hora a paso rápido. A medio camino cruzo un parque donde siempre se reúnen los estudiantes antes de empezar su jornada académica. Casi todos los días los veo enzarzados: gritos y peleas que empiezan en broma hasta que uno suelta el brazo con más fuerza de la cuenta y el juego se les va de las manos. Ahora sí que se están dando estopa de verdad. Una insignificante chispa está haciendo arder el bosque. La dureza con la que se emplean es aterradora. Los compañeros que se han quedado al margen formando un corrillo sacan sus teléfonos móviles y empiezan a grabar, a la vez que arengan a sus propios amigos a calentarse con más saña aún. Violencia gratuita y estremecedora. Lo que hace un instante era un grupo de amigos bromeando se ha convertido en una batalla campal donde la vida corre peligro. Una patrulla de la policía que pasaba por allí interviene y a uno de ellos se lo lleva la ambulancia al hospital. La riña podría haber acabado en tragedia, pero se salda con una multa insignificante. Quien se ha llevado la peor parte deberá llevar el brazo en cabestrillo durante unas semanas. Eso es todo. Estoy convencido de que en un mes volverán a estar en las mismas si no antes. No han aprendido. No han aprendido nada. ¿Qué hubiera ocurrido si la policía no llega a hacer acto de presencia? ¿Alguno de los que formaba esa pandilla se hubiera dado cuenta de que estaban cruzando una línea peligrosa y hubiera puesto paz? Lo dudo, aunque, en caso afirmativo, ¿le hubieran recriminado su actitud responsable? ¿Somos realmente capaces de actuar con suficiente personalidad a pesar de que eso conlleve los descalificativos de la mayoría?

Actos como el que acabo de describir suceden a todas horas, a diario, en miles de ocasiones. La violencia es inherente al ser humano y, además, es contagiosa. Eso nos ha dicho William Golding en esta lectura. Solo la cultura puede actuar de cortafuegos. Y es lo que hay que propagar: el conocimiento como arma contra la barbarie.

## CARTA AL MEJOR ESTUDIANTE

*Estimado,*

*Tal vez lo soñé, pero recuerdo haberte visto por el instituto en el que ambos estudiamos. Eras compañero de clase de mi hermano menor. Él hablaba mucho de ti, sobre todo, de lo inteligente que eras. Me explicó que un día te vio muy triste y fue a consolarte. Llorabas porque todo el mundo te llamaba Piggy y eso no te gustaba, aunque bastaba que lo supieran para no dejarlo de hacer. No sé si mi hermano llegó a decírtelo, pero recuerdo haberle recalcado que eso te lo hacían porque, en el fondo, te tenían envidia. Sacabas, según mi hermano, las mejores notas y eso siempre fastidia a los más estúpidos. Me dijo que tenías pinta de empollón y que se reían de tu cuerpo y de las gafas que llevabas. Ojalá hubiera tenido el valor de defenderte, aunque eso me habría acarreado más de un problema en el instituto. Precisamente, por eso no lo hice. Fui un cobarde, tengo que confesarlo. En cambio, tú, llegado un momento, le plantaste cara a cualquiera que se metía contigo. Aunque siempre acababas con la cara partida. Eso te honra. Fuiste muy valiente.*

*Lo último que supo mi hermano de ti es que al final de ese curso viajaste en avión con un grupo numeroso de alumnos del instituto. Os seleccionaron para competir en un concurso de matemáticas junto con diferentes estudiantes de todo el mundo. Os acompañaba la coral del colegio que inauguraría el acto. Recuerdo que me dijo que se celebraba en Estados Unidos. El mundo va a ser testigo de ese viaje y nadie olvidará lo que ocurrirá allí. No vivirás para contarlo pero quiero que sepas que estás en el lado bueno de la historia. Tú y unos pocos como tú sois la esperanza depositada en el ser humano.*

*Con admiración,*
*Un lector agradecido*

# Capítulo 10

No importa que la muerte no perdone a nadie. Perdónala tú, que sí que puedes.

A Laia Esteves Peral, *in memoriam*

# DUELOS Y OTRAS MANERAS DE VIVIR (Y DE MORIR)

JOAN DIDION

## La vida después de la muerte

Vivimos de prestado. A todos nos espera un mismo destino. Y es que la vida de todo ser humano tiene un solo momento decisivo: aquel en el que somos conscientes de nuestra mortalidad. Sobre todo, de la de quienes nos aman y amamos. Esa es la verdadera muerte, la muerte de los demás. Por eso, una vez sabido lo único que hay que saber, están los que optan por olvidarlo y los que se lo recuerdan a sí mismos cada día. Son dos modos de afrontarlo, dos maneras de prepararse para lo que nunca vamos a estar preparados. Cuando menos te lo esperes, un zarpazo hará saltar tu vida por los aires. Hagas lo que hagas, la presencia de la muerte te partirá por la mitad. La parte de la que te despojas la ocupará quien ya no puede ocupar espacio alguno. Cuando muera alguien que quisiste, vivirás dos existencias: la tuya y la de quien ha dejado de existir. Me explico:

en ese nuevo mundo, ahora roto y desgarrado, una parte de ti querrá mirar del mismo modo que quien ya no podrá mirar nunca. Tus cinco sentidos serán los tuyos y los de tu otro yo. Nunca más volverás a ser solo tú. Pasa algo parecido cuando te enamoras: vives y viven en ti, pero eso es momentáneo. Sin embargo, la muerte no. Seremos para siempre la suma de nosotros mismos y los muertos que nos han dejado. Aunque ellos se vayan difuminando, nunca se irán del todo. Viviremos con más de un yo, pero seremos menos que cuando éramos uno mismo. Pues bien, a esta reflexión no llegué por ciencia infusa, lo hice cuando vi a través de la pantalla a la escritora norteamericana Joan Didion. Ella no era solo ella. Eran ella, su marido y su hija. Y, sin embargo, era tan poca cosa, parecía que hubiera encogido, ocupaba un espacio diminuto en ese sofá donde la entrevistaron. Qué paradójico todo, ¿no?

Su voz no era sino un delgado hilo de voz, apenas un susurro lo que lograba exprimir de su interior y empujar hacia afuera para hacerse entender. Cuánta muerte acumulaba, qué injusta la vida para con ella. Pero ahí estaba. Su capacidad para sobrevivir era igual o superior a la fragilidad que reflejaba, porque cuando te traspasa el cuchillo de acero gélido de la muerte, ya no hay lugar para el miedo. No se puede asustar a quien vive asustado. Y sacó fuerzas para escribir, para dejar un testimonio único de lo que significa vivir en el espanto. Su crónica de una muerte no anunciada, *El año del pensamiento mágico,* será un clásico, sin lugar a dudas. De verdad, hay que leerlo.

## Un documental en Netflix

Quién me iba a decir hace unos meses, buceando por el catálogo infinito de Netflix un viernes por la noche, sin mucha esperanza de poder encontrar algo decente en ese laberinto de series y películas, que daría con un documental en el que descubriría a una de las escritoras más brillantes que yo haya leído nunca. Se titulaba *Joan Didion: el centro cederá*. Leí ese enigmático título y en cuanto supe por la sinopsis que la protagonista era «una legendaria escritora» de la que no había oído hablar nunca le di al *play*. Resumiendo mucho, Joan Didion es entrevistada por su sobrino y juntos repasan su vida y su trayectoria literaria. Hasta aquí ninguna novedad si no fuera porque esa no es una vida cualquiera como así lo testifican todas sus obras.

Didion me recordó un poco a la narradora (y protagonista) de la película *Titanic*. Al igual que la magnética Rose, se trataba de una persona muy mayor, con una voz frágil, delgada como su esquelético cuerpo que retiene, a pesar de su avanzada edad, toda la belleza que rebosaba en su juventud. Con mucha gestualidad y un brillo especial en los ojos, narra la historia de un hundimiento que no tiene nada que ver con un iceberg. No obstante, su vida comenzó de manera exitosa: desde su Sacramento natal se trasladó a vivir a San Francisco como articulista para la famosa *Vogue,* tras ganar un concurso literario convocado por esa misma revista. Años más tarde, se casó con el también escritor John Gregory Dunne en Nueva York donde vivieron unos años. Instalados de nuevo en el estado de California, adoptaron a una niña a la que llamaron Quintana, nacida el 3 de marzo de 1966 cuando Didion tenía treinta y dos años y su marido treinta y cuatro. La vida sonreía a la pareja de intelectuales. Ambos supieron interpretar el mundo que les tocó vivir y así lo reflejaron en sus artículos y en sus novelas.

Sin embargo, llegó 2003. A Joan Didion ese año le cambiaría la vida. El 25 de diciembre, día de Navidad, su hija Quintana ingresó en el hospital por la mañana y lo que parecía una simple gripe se agravó hasta el punto de tener que trasladarla a la UCI por un choque séptico. Apenas cinco días después, el 30 de diciembre, su marido murió de un infarto fulminante cuando el matrimonio se disponía a cenar esa noche. Finalmente, la hija terminaría falleciendo un año y medio después, el 26 de agosto de 2005.

En un momento de la entrevista, antes de que revelara la doble desgracia que tuvo que sufrir, anoté al vuelo unas palabras que más tarde entendí perfectamente. Dice Didion: «Si analizo algo, me da menos miedo. La teoría dice que si la serpiente se halla en tu campo visual, no te va a morder. Así me enfrento yo al dolor. Quiero saber dónde está».

Didion no le aparta la mirada a la muerte y escribe *El año del pensamiento mágico*, su obra más importante, según opinión de la propia autora, donde relata el dolor por la pérdida de un ser querido, la enfermedad mortal de su única hija y las devastadoras consecuencias que esos acontecimientos supusieron en el que fue el peor año de su vida.

Aunque el libro ahonde en su herida, Didion tenía claro, como dice en el documental, que lo más duro fue terminarlo, porque mientras duró la escritura del libro, de alguna manera, estaba cerca de su marido. Tras la publicación llegaría el verdadero vacío que con toda la intención fue pospuesto. La escritora se deja ver en la pantalla atravesada por la muerte y, de algún modo, nos atraviesa también a nosotros, haciéndonos partícipes y conscientes de lo que todos sabemos y de lo que ninguno querría experimentar: que nuestra vida puede dar un volantazo y hacerse añicos en cuestión de segundos. En su documental, Didion nos sienta delante de ella y nos explica con claridad lo que nos vamos a encontrar; pero no desde el dolor, sino desde la quietud de quien ha subido y bajado una montaña cuya orografía conoce como la palma de su mano. A continuación, nos lo cuenta en un fragmento que transcribo casi de memoria:

> Resulta que no sabemos lo que es el duelo hasta que lo vivimos. Sabemos que alguien cercano a nosotros puede morir. Contamos con que eso pueda ser un golpe. Pero no contamos con que ese golpe nos destruya y nos disloque el cuerpo y la mente. Contamos con la posibilidad de estar abatidos, de no hallar consuelo, de que la pérdida nos vuelva locos. Pero no contamos con estar locos literalmente. Los imperturbables creen que su marido va a volver y que pedirá sus zapatos. Tampoco conocemos la ausencia infinita que viene después, el vacío, la sucesión de momentos implacables en que vamos a enfrentarnos a la experiencia de una vida sin sentido. He necesitado escribir este libro porque nadie me había dicho nunca cómo era.

## *El año del pensamiento mágico*: una historia real que niega la realidad

La vida cambia en un instante.

Joan Didion

Evidentemente, al día siguiente de ver el documental, fui en busca de ese libro. La cubierta de *El año del pensamiento mágico* me atrajo por su austeridad y sencillez. La novela no contiene cita alguna. Una simple y fría dedicatoria: «Este libro es para John y para Quintana». Y es que la obra destila la misma frialdad que la dedicatoria. Didion enfoca su duelo desde un punto de vista analítico, ya que desea dar una explicación a lo que no se explica. Si bien, ¿no es eso la vida? ¿Tratar de dar sentido a lo que no lo tiene? ¿Luchar en vano, pero hacerlo hasta el último de nuestros días?

Didion manifiesta abiertamente en el libro que en algunos momentos de ese año terrible seguía sin creer que lo que sucedió hubiera sucedido verdaderamente. Y trató de esclarecerlo. No era capaz de asumir esa pérdida. Con esto sienta las bases y nos deja muy claro que quiere ser sincera, precisa, transparente, no quiere que la ficción se cuele entre las páginas de un libro sagrado para ella, aunque lo relatado parezca, paradójicamente, poco realista. Necesita exponer toda la verdad por difícil que sea expresarla. No quiere hacer trampas, aunque el hecho de escribir ya lo sea en sí mismo, pues es imposible expresar con palabras lo acaecido sin tergiversar ni deformar la realidad. Si se piensa bien, uno no debería contar nunca nada, pero ella lo hizo sin pensárselo porque era una necesidad.

## La muerte como acontecimiento inasumible

Cuando tu centro cede, por decirlo con palabras del documental, cuando el dolor te sobrecoge de tal modo que hasta la fuerza de la gravedad desaparece y tu cuerpo vaga a la deriva, cuando sientes que es imposible pisar suelo firme, cuando simple y llanamente flotas como en una pesadilla sin poder avanzar, cuando asumes que no eres capaz de dar un solo paso por miedo e inseguridad, buscas refugio. Y este se encuentra cuando crees que no ha ocurrido lo que ha ocurrido. La muerte repentina de su esposo supone para nuestra escritora una verdadera conmoción. Sobrevivir negando la realidad fue la única salida que tenía.

Didion debe empezar a vivir sola. Eso es más que nacer y tiene sesenta y nueve años. Y no está dispuesta. No por el momento. Comienza pues un año de pensamiento mágico, irracional. Un año donde el lugar que habita, que habitaban marido y mujer, debe ser exactamente el mismo de antes del «acontecimiento», de ese «cambio» por si el muerto decide volver. Didion no se puede hacer a la idea de lo que ha pasado porque igual no ha pasado y debe estar preparada por si vuelve, debe estar lista para no sorprenderse si su marido entra por la puerta y pregunta qué hay de cenar. Su pensamiento mágico consiste en vivir en una placenta o en una burbuja, de espaldas, por momentos, a la cruda realidad.

Según Freud, el acto de llorar a un ser querido implica graves desviaciones de la actitud vital normal y, sin embargo, nunca se nos ocurre considerarlo un estado patológico ni remitirlo a tratamiento médico. Una persona que experimenta un duelo está enferma, pero al duelo no lo llamamos enfermedad. Esa es exactamente la situación que sufre nuestra autora, quien no es capaz de pensar racionalmente, sin que eso despierte la desconfianza de nadie. Todos creen que lo va a superar. ¿Y si no es así? ¿Y si no es posible mostrar una cara coherente al mundo nunca más? La escritora confiesa que desde que murió John Dunne había estado intentando ir atrás en el tiempo. Habían pasado ya ocho meses, era agosto de 2004 y estaba anclada en el pasado junto a él. Era incapaz de imaginar la realidad de la vida sin él. De hecho, se reconocía a sí misma a través de la mirada de él. «Me pasé cuarenta años viéndome con los ojos de John», escribe Joan Didion al final de la novela. Como dijo el escritor Julio Cortázar: «Para verme tenía que mirarte». Tenía un trabajo descomunal por delante: aprender a mirar el mundo con sus propios ojos sin olvidar la mirada de él. Así pues, una vez recobrada su propia visión, comenzó la escritura de un libro que desprende serenidad y aprendizaje. Era octubre de 2004, donde en la casa de los vivos ya no tenían cabida los muertos.

## Joan Didion, un futuro clásico

Todos los clásicos, quizás ya lo he mencionado aquí en algún momento, son libros de autoayuda. No la que conocemos como «autoayuda» escrita en mayúsculas en la portada de un libro cuya finalidad es que puedas dejar de fumar o bajes de peso en una semana. Me refiero a una autoayuda que no aparece anunciada por ningún lado. Está en la propia lectura para el lector como está en la propia escritura para el escritor. Uno no lee una novela entera solo porque le gusta, igual que el escritor no acaba una novela después de infinitas horas de trabajo solo porque le entretenga. Hay muchas más cosas, debe haber muchos otros factores para que alguien finalice un proyecto serio como es la lectura de un clásico. Entre todos esos factores está el que nos ha ayudado porque hemos averiguado algo importante.

Si uno termina de leer un clásico, no ha sido solo porque le ha gustado. Los clásicos no llevan esa etiqueta por solo gustarles a los lectores. Llevan en sí mismos la revelación de un secreto. Precisamente, *El año del pensamiento mágico* de Joan Didion será un clásico porque no es un pasatiempo ni una evasión, sino una forma, quizás la más completa y profunda, de observar la condición humana. Primero, la enfermedad de su hija y enseguida la muerte de su marido convierten a Didion en alguien tan humano que su libro, por encima de todo, nos revela eso que es tan difícil de hallar. Cómo somos. Quiénes somos en el dolor. La fuerza que poseemos. La fragilidad que no mostramos. Las palabras que decimos y las que omitimos. El peso que soportamos y las soluciones que encontramos, si es que se nos cruza alguna en ese duro camino.

Joan Didion murió el 23 de diciembre de 2021 en Manhattan, Nueva York. Hace poco vi por internet que una agencia inmobiliaria norteamericana anunciaba la venta de su apartamento. Me pregunto si los nuevos inquilinos sabrán que en ese lugar alguien sufrió y vivió, y escribió un libro que está llamado a ser un clásico en los próximos años.

## La escritura como antídoto

La muerte insiste en paralizar nuestro día a día y nos impide seguir con el ritmo natural del tiempo. Nos detiene, nos pone una barrera contra la realidad y nos da mucho miedo avanzar. Didion no quería terminar su libro, ya que eso implicaba olvidar a John o superar su duelo y seguir con su vida sin él. Tiene, en realidad, miedo a olvidar. No quiere superar esa muerte porque sería traicionarlo y traicionarse. ¿Está más vivo un muerto en nuestro dolor? La respuesta es sí. ¿Deseamos, pues, recuperarnos? La respuesta es no. Pero acaba ocurriendo a pesar de todo. Porque la vida se impone siempre y nos sujeta. Cuando empieza su resarcimiento y se va borrando ese pensamiento irracional y mágico, nuestra escritora, poco a poco, recobra la cordura y no tiene duda de que el duelo es un trastorno, una enfermedad que ha distorsionado la realidad. Esa fue la primera conclusión a la que llegué leyendo este libro. Lo peor, sin embargo, estaría por llegar. Empezar a curarse hasta conseguirlo es el periodo más crítico porque es cuando uno experimenta el verdadero vacío. Y, además, en ese momento, son pocos los que te ayudan. Cada uno tiene su vida y sus problemas. Ya te dieron el pésame y te enviaron tres o cuatro mensajes preguntándote cómo estabas. Ya cumplieron con su parte. Ahora no se debe caer en la autocompasión. Razón por la que Didion siempre rechazó el papel de víctima al enviudar. Está bien, toca afrontar la vida en soledad, sin escritura, sin paliativos. Toca enfrentarse a la realidad. Además, se supone que el tiempo todo lo cura y vas a recuperarte. Y así será. Esa fue mi segunda y última conclusión: una vez asumida esa muerte, nadie desea que el muerto vuelva. Sería más inasumible que cuando no se podía asumir su pérdida y es que ya forma parte de ti, ya no es él si no es contigo.

Sin duda, esta lectura consigue su propósito: nos deja claro que el ser humano se acaba adaptando a todos los cambios. Saber que has perdido el control es el primer paso para poder recuperarlo. Hay que mirar al dolor de frente cuando este ha hecho acto de presencia. Y en este aspecto, Didion es el mejor ejemplo de cómo sobrevivir cuando no hubiera importado no hacerlo.

## CARTA A JOAN DIDION

*Estimada Joan,*

*Tal vez lo soñé, aunque juraría haber compartido con usted durante varios días la sala de espera de aquel hospital donde permanecía su hija Quintana. A mi tío lo acababan de operar. No se acordará de mí, pero le pregunté precisamente por ese lugar que me ha intrigado siempre. ¿Qué se supone que hace uno en una sala de espera? Su respuesta no me dejó indiferente: «Aquí es donde uno se enfrenta con el no saber, donde realmente se abren todas las posibilidades, donde todo está por hacer, aunque esté ya todo hecho. Aquí es donde se pone a prueba nuestro pensamiento». Recuerdo sus palabras, las cuales pronunció con una pasmosa serenidad. Tras una breve pausa, continuó usted: «En esta pequeña habitación, lo habitual es dejarse llevar por lo posible y no por lo probable. Aquí es donde se suelen dar las malas noticias que marcarán el resto de nuestros días. Aquí todo empieza y termina a la vez. Si sabe comportarse en una sala de espera, joven, será usted invencible. ¿Ve a ese hombre que camina de un lado para otro? Es su propio pensamiento reflejado en la cadencia de sus pasos. Cada vuelta que da sobre sí mismo es una puerta que abre, explora y cierra. Se está dejando llevar por el laberinto de la incertidumbre. Está angustiado. Necesita una respuesta. Algo. En esta sala la gente habla siempre en voz baja porque suponen que no se debe molestar a una mente que está desorientada. Todo el que entra aquí lo hace sin su brújula y con el mapa cambiado. Hay dos tipos de personas, muchacho: los que se pierden y no se mueven del lugar donde se han perdido, y los que enseguida tratan de encontrar el camino de regreso». Esas fueron sus últimas palabras. En ese momento, una doctora entró en la sala. El hombre que caminaba como un ratón encerrado se detuvo y todos la miramos con expectación. Allí le perdí de vista. Las horas transcurrieron lentas hasta que supe por boca de un doctor que la operación había ido bien. No me había movido del asiento en toda la noche. Salir de aquel lugar fue una especie de liberación. Me mezclé enseguida entre la multitud, pero un pensamiento inquietante me paralizó. Había salido de una sala de espera para entrar en otra. Vivir, me di cuenta en ese instante, era permanecer de algún modo en una sala de espera de la que no saldríamos con vida. Aunque todos supieran en esa gran avenida adónde se dirigían, en realidad, se movían sin brújula y sin mapa. «Estamos perdidos —cavilé—. Aunque creamos saber adónde vamos.» Pienso en usted cada vez que me siento extraviado. Espero algún día volver a encontrarla.*

*Con admiración,*
*Un lector agradecido*

# LA GRAN FIESTA

Cada vez que alguien abre las páginas de un libro, la vida queda suspendida. Afortunadamente. Sumergirte en un libro, vagar por ese otro mundo, lo sabe bien quien lee, significa también abandonar este. Cualquiera estará de acuerdo en que una de las principales razones por la que nos convertimos en lectores es precisamente para vivir otra realidad. Nos engañamos a nosotros mismos, ese es el pacto, y creemos por un lapso de tiempo determinado que la vida se ha interrumpido y con ella los problemas y las obligaciones a los que estamos sometidos. Si, además, en ese destino al que nos conducirán las páginas del libro, bajo otra identidad, en la piel de cualquiera de los personajes que allí habitan aprendemos a mirar desde otra perspectiva, si en la distancia nos acercamos a quienes somos verdaderamente, ¿qué más se puede pedir?

Uno siempre vuelve de ese viaje con las energías renovadas dispuesto a encajar de nuevo todos los golpes y a sortear todas las trampas. Hazme caso: cada vez que la vida se niegue a atender tus plegarias, cada vez que la vida te responda con un no, la literatura es un sí. Los clásicos son tu salvación. A través de los libros serás capaz de atravesar el silencio para hallarte entre las voces más inteligentes. Cómo decírtelo: ellos son como faros que alumbran en el bosque, ese que tanto miedo da cruzarlo en noche cerrada. Son el conocimiento, la comunicación, la buena compañía, la mejor tregua.

Este libro es la invitación a una fiesta donde cada uno puede presentarse como le dé la gana, puesto que se celebra la vida de los grandes clásicos sin la solemnidad que muchos les atribuyen. Una etiqueta que ninguno de ellos quiso llevar puesta. Así pues, eres bienvenido seas quien seas. Se trata, como en cualquier fiesta, de disfrutar y pasarlo en grande. En este homenaje que es leer a los más grandes de la literatura vas a estar entre mucha gente, pero sin el bullicio de la gente. Y lo más importante: habrá barra libre para todos los presentes. Cantidades ingentes de una bebida que lejos de desorientarnos nos convertirá en seres más lúcidos y capacitados. Estoy seguro de que si te apuntas a esta juerga entre viejos amigos, apurarás hasta el último instante, hasta la última página entregado por completo al placer y a la alegría de la lectura. Espero haberte convencido. No puedes faltar. Yo iré de todas todas. Estaré sí o sí. Búscame en cuanto llegues.

Te estaré esperando.

# 10 REQUISITOS PARA SER UN BUEN LECTOR

**1. Todo buen lector** vive defraudado, cree que la vida es un engaño y puestos a vivir en la mentira prefiere la de la literatura. El buen lector es siempre fiel y agradecido pues el libro se convierte en su refugio y salvación. El lector decepcionado con la vida no posee distracciones y vive en un invierno permanente. La lectura es su modo de hibernar. Pura supervivencia. Leer es dormir pudiendo escoger el sueño.

**2. Todo buen lector** lee como si, dentro de un minuto, le fueran a apagar la luz. Esta idea la recoge Andrés Neuman en su libro de aforismos *El equilibrista* y contiene un pensamiento en el que siempre he creído: uno realmente aprovecha el tiempo cuando no lo tiene. Por esa misma regla de tres uno solo vive cuando sabe que va a morir. El buen lector posee esa certeza y lee con la máxima atención el máximo tiempo posible porque quién sabe cuándo podrá volver a ser feliz o simplemente ser.

**3. Todo buen lector** deja de leer cada vez que encuentra una frase, una metáfora o una idea que le fascina o le desborda. Levantar la cabeza del libro y detenerse un segundo es obligatorio. Más de uno, incluso. Abandonar la lectura en ese momento es altamente aconsejable para concentrarse en lo que uno acaba de leer no sin antes realizar lo que para muchos es un estropicio. Manchar el libro con anotaciones y señales. Aunque el estropicio de verdad sería dejar pasar esas frases sin decirles nada. Un gesto reverencial es sumamente necesario para hacerles saber que las has visto y te las vas a llevar a otra parte. Y eso se concreta con el inevitable y polémico subrayado, mejor si es con tinta imborrable o con la también polémica doblez en la punta de la página. Esas marcas indican que el buen lector también ha sido marcado de algún modo al pasar por allí. El más sentido homenaje, sin embargo, que se les puede hacer es tatuártelas en la piel.

**4. Todo buen lector** acude a la librería como quien va a un supermercado con hambre. Mi madre me inculcó la frase al revés. Se reparaba en gastos siempre en mi casa. No entiendo pues que uno haya salido tan derrochador. El buen lector debe serlo. Comprar por capricho mucho más de lo que uno pueda leer.

**5. Todo buen lector** nunca lee para dormirse, leer para coger el sueño no es de buen lector. Dormir mucho, a poder ser en horario diurno y laborable para poder leer noches enteras sin dar un solo cabezazo que nos obligue a volver a la página de atrás es de buen lector.

**6. Todo buen lector** no hará mucho caso a las recomendaciones salvo que estas provengan de su círculo de máxima confianza porque como dijo una vez un misántropo: «Cualquiera que esté viviendo y sufriendo un fuerte chaparrón te va a recomendar libros que contengan la palabra "lluvia" en el título». El buen lector se fía de su instinto y, sobre todo, deja que actúe libremente el azar que es el que trae consigo las mejores recomendaciones.

**7. Todo buen lector** jamás prestaría uno de sus libros. De él nunca saldría hacer algo así y se vería en un serio compromiso si alguien lo pusiera en esa terrible tesitura. ¿Existe alguien tan impúdico como para invadir la verdadera intimidad de uno mismo como es su libro?

**8. Todo buen lector** a partir de cierta edad relee más que lee. El buen lector no está hecho para correr grandes riesgos y se fía poco de las novedades. Cuando un libro es consistente y tiene madera de clásico, el buen lector tiende a repetir. Volver a leer es una experiencia nueva, quizás mejor que la primera vez. Muy difícil volver al lugar donde fuiste feliz, volver a sentir aquella felicidad casi olvidada. Muy difícil y, sin embargo, cuando ocurre...

**9. Todo buen lector** tiene vocación de rebelde, de revolucionario. El acto más revolucionario que puede haber en nuestros agitados días es leer. Al buen lector se le detecta rápido. Suele caminar sin prisa, esto es: pasear (prácticamente se ha olvidado ese verbo), y suele hacerlo con un libro bajo el brazo. Muchos son los que temen al buen lector por su rebeldía. Muchos más serán.

**10. Todo buen lector** no entiende de requisitos ni de condiciones ni de prejuicios. Que cada uno lea lo que quiera, como quiera, donde quiera y cuando quiera. Leer es bastante, leer es todo o casi.

# EL AUTOR RECOMIENDA

Si te han gustado las *Sonatas* y te apetece seguir leyendo libros de memorias no dudes en leer:

*El mundo de ayer* de Stefan Zweig.

*Un ser de lejanías* de Francisco Umbral.

*Memorias de una joven formal* de Simone de Beauvoir.

*Memorias de una joven católica* de Mary McCarthy.

◆

Si te ha gustado *Luces de bohemia* y necesitas continuar leyendo novelas de lúcidos perdedores no te puedes perder:

*Corazón giratorio* de Donad Ryan.

*Indigno de ser humano* de Osamu Dazai.

*Última resaca* de Patrick Hamilton.

*La cuadra* de Gilmer Mesa.

◆

Si te ha gustado *San Manuel Bueno, mártir* y buscas más novelas donde los secretos son los protagonistas apuesta por:

*La perla* de John Steinbeck.

*Crónica de una muerte anunciada* de Gabriel García Márquez.

*Billy Budd* de Herman Melville.

*El último encuentro* de Sándor Márai.

◆

Si te ha gustado *Carta de una desconocida* y buscas más historias de amor has de leer:

*La impaciencia del corazón* de Stefan Zweig.

*El amor en los tiempos del cólera* de Gabriel García Márquez.

*No te veré morir* de Antonio Muñoz Molina.

*Todo cuanto amé* de Siri Husvedt.

◆

Si te gustó *El guardián entre el centeno* y quieres sumergirte en más novelas de aprendizaje debes leer:

*Retrato del artista adolescente* de James Joyce.

*David Copperfield* de Charles Dickens.

*La campana de cristal* de Silvia Plath.

*Cómo se hace una chica* de Caitlin Moran.

◆

Si te gustaron los cuentos de O´Henry puedes seguir con estos títulos:

*Demasiada felicidad* de Alice Munro.

*Cuentos completos* de Isak Dinesen.

*Historias de cronopios y de famas* de Julio Cortázar.

*Madres, avisad a vuestras hijas* de Bonnie Jo Campbell.

◆

Si te gustó *La casa de Bernarda Alba* y quieres seguir leyendo libros protagonizados por mujeres no dudes en leer:

*Hamnet* de Maggie O´Farrell.

*El acontecimiento* de Annie Ernaux.

*Apegos feroces* de Vivian Gornick.
*Mi año de descanso y relajación* de Ottessa Moshfegh.

◆

Si te gustó *Frankenstein* y quieres seguir con el género de terror estos libros son imprescindibles:

*Otra vuelta de tuerca* de Henry James.
*Drácula* de Bram Stoker.
*La caída de la casa Usher* de Edgar Allan Poe.
*La llamada de Cthulhu* de H.P. Lovecraft.

◆

Si te gustó *El señor de las moscas* y deseas continuar con novelas distópicas que te hagan reflexionar hazte con estas:

*1984* de George Orwell.
*Un mundo feliz* de Aldous Huxley.
*Fahrenheit 451* de Ray Bradbury.
*Matadero cinco* de Kurt Vonnegut.

◆

Y, por último, si te gustó *El año del pensamiento mágico* y estás dispuesto a leer más sobre literatura del duelo no dudes en escoger estos títulos:

*Mortal y rosa* de Francisco Umbral.
*La hora violeta* de Sergio del Molino.
*La ridícula idea de no volver a verte* de Rosa Montero.
*La invención de la soledad* de Paul Auster.

# EPÍLOGO

## Tatuados con pasión lectora

Najat El Hachmi

Me hubiera gustado tener a Gabriel Lara como compañero de instituto, poder compartir con él esa pasión lectora que durante los años de adolescencia llevábamos en secreto como si de un sucio vicio se tratara. Seguro que éramos más de los que creíamos ser, esos raros ojerosos que pasábamos la noche en vela enganchados al volumen que teníamos entre manos, aunque a menudo nos escondíamos, no compartíamos con los demás esa experiencia gratificante que tanto nos llenaba e incluso, tal como cuenta Gabriel, nos salvaba, literalmente, la vida. En los momentos más oscuros, nos iluminaba la nutritiva prosa del último descubrimiento, pero también en las experiencias gozosas íbamos acompañados de poetas y escritores que, antes que nosotros, encontraron la palabra precisa para describir una determinada experiencia. La lectura, en este sentido, es un simulacro de vida de lo más útil que, además, tiene la virtud de tatuar la realidad con el talento creador de quienes intentaron tomarle el pulso con sus textos, sea esa realidad material y física o imaginada.

Digo que como crecí en un entorno donde no solo nadie leía sino que los empollones cuatro gafas que nos pasábamos el día con la nariz metida en un libro recibíamos todo tipo de ataques por nuestra extraña afición, me acostumbré a no compartir vivencias lectoras con nadie. Menos mal que sí tuve la suerte de encontrarme con profesores que, como imagino que debe de hacer Gabriel, llenaban de emoción el lento transcurrir del horario escolar haciendo que el tiempo volara. Con ellos pude tener espacios para dejar de ser la rara, pero también descubrí, y muchos de mis compañeros menos letraheridos también, la enorme importancia de algunos clásicos. No hay fenómeno que me impresione más, en este sentido, que el de presenciar la *conversión* de alguien que no leyó nunca por gusto al descubrir una obra que lo arrastra y subyuga hasta el punto de deshacerse de todas sus precauciones y reticencias ante la buena literatura. Nada será igual para la persona que, como me dijo mi hija después de descubrir a Roald Dahl, «encuentre el libro que haga que le guste leer». El banquete que nos presenta Gabriel en esta mesa es variado, surtido de platos hechos con los productos de la mejor calidad, siguiendo las pautas de tradiciones y géneros de lo más dispares. Ningún lector podrá quedarse con hambre por falta de opciones, y todos los que degusten este despliegue de saber literario presentado con cuidado y detalle, que tiene además la virtud nada común de resultar accesible, se verán indudablemente contagiados de la pasión con la que el autor nos lleva a pasear por las páginas de estos clásicos imprescindibles. Algunas de sus propuestas son nuevas para mí, están ya en la lista para la próxima visita a la librería; otras ya las había leído y releído como Gabriel, no obstante, ha sido igualmente placentero volver a ellas desde su mirada lúcida, generosa y cargada de un genuino amor a la literatura. Como escritora no puedo más que estarle agradecida. Ojalá muchos lectores se dejen llevar y convencer por él y puedan así tener la oportunidad de vivir mejor, siempre acompañados de las historias y experiencias de numerosos personajes que indagan en la complejidad de su existencia, con el refugio seguro de los clásicos, a los que siempre podrán volver.

# AGRADECIMIENTOS


Al final tendrá sentido repartirnos lo vivido
y conservar las ganas.

VIVA SUECIA

A mis editoras, Leticia Sánchez, Paula Pons y Sara Díaz por creer en este proyecto. Por apostar por los grandes clásicos. Gracias por vuestro *all in*.

◆

A Víctor Amela, porque con él empezó todo. Gracias por esa «Contra» en *La Vanguardia* y por tu maravilloso prólogo.

◆

A la familia de la librería +Bernat: a Fernando Pelayo, el mejor librero del mundo: siempre alerta, siempre disponible. A Carles Armengol, que me cuida detrás de la barra y a Montse Serrano por abrirme las puertas de esa maravillosa casa.

◆

A Jordi Llovet, su sabiduría y su generosidad no tienen límite. Gracias por tantas lecciones de literatura universal.

◆

A Almudena Crespo, la primera persona a quien explico mis buenas y malas noticias. A su hijo Aimar porque sus primeros latidos coincidieron con los de este libro. Estoy convencido de que será un gran lector.

◆

A Mauro Vázquez, el estudiante que leyó *Frankenstein* con la avidez de quien empieza a amar la literatura. Jóvenes amantes de los libros son también Nacho, Marc, Carlota, Berta, Marcos, Miriam, Vega, Sandra... La lista es interminable. A todos ellos, a mis alumnos y exalumnos dedico también este libro.

◆

A Pol Arias García, por las fotos que aparecen en este libro. Qué carrera tienes por delante.

◆

A Najat El Hachmi, por su epílogo. No había mejor forma de cerrar este libro que con sus palabras.

◆

A mi hermana Elena, que estuvo a mi lado en la recta final de este libro y que junto a ella descubrí la ciudad de Venecia

◆

A todos los que he nombrado y de quienes me he olvidado: conmigo vais, mi corazón os lleva.

◆

En el libro hay referencias a las obras de Javier Marías, Benjamín Prado, Carlos Marzal, Hölderlin y Enrique

Vila-Matas. Espero que el lector pueda detectarlas. Son un reconocimiento por todo lo que ellos han significado para mí.